Einfach Gote!

Alles mit Gemüse!

WDR 2
EINFACH GOTE

Helmut Gote

Einfach Gote!
Alles mit Gemüse!

DUMONT

Tomaten
Zucchini gelb

D Spargel
I
= 9.99
NL Tomate
I
= 6.99
NL Spinat
I
= 3.99
D Rubstiel
I
= 2.99
SPINAZIE
SPINAZIE

Das Gemüse-ABC

Vorwort

Wenn Sie regelmäßig WDR 2 und meine Rubrik »Einfach Gote« hören, dann werden Sie es sicherlich schon bemerkt haben:

Ich bin ein großer Fan von Salat und Gemüse, egal ob als Beilage zu Fleisch, Geflügel und Fisch oder solo als Vorspeise und Hauptgericht. Daher dreht sich dieses Kochbuch nun ausschließlich um Wirsing, Blumenkohl, Spargel, Erbsen und Co, aber auch um viele weitere Gemüsesorten, die man nicht so häufig selbst zubereitet, wie Rote Bete, Fenchel und Topinambur. Natürlich weiß ich, dass Brot, Reis, Hülsenfrüchte und Tofu nicht zu Gemüse zählen, aber sie harmonieren so prächtig mit den verschiedenen Gemüsesorten, dass ich Ihnen diese Rezepte ebenfalls anbieten möchte.

Das Buch ist so angelegt, dass Sie sowohl vorne über die alphabetische Inhaltsangabe als auch hinten über ein Zutaten-Stichwortregister sofort das entsprechende Rezept zum gewünschten Gemüse finden.

Also dann, ab zum Markt oder zum Gemüsehändler und legen Sie los – je häufiger Sie Gemüse zubereiten, desto größer wird auch die Lust, mal etwas Neues auszuprobieren. Wie immer sind die Rezepte einfach angelegt und ohne allzu großen Aufwand leicht umzusetzen.

Ich wünsche Ihnen viel Spaß beim Nachkochen und immer guten Appetit.

Ihr Helmut Gote

VDP

Nützliche Hinweise

... zu den Rezepten generell

Alle Rezepte in diesem Buch habe ich tatsächlich gekocht und so genau wie möglich aufgeschrieben. Deswegen ist die Wahrscheinlichkeit sehr hoch, dass sie auch bei Ihnen zu Hause gut gelingen.
Sollten Sie trotzdem bei den angegebenen Mengen oder bei Kochdauer und Art der Zubereitung Zweifel haben, folgen Sie ruhig Ihrer eigenen Erfahrung, Ihrer Vorliebe oder Ihrem persönlichen Geschmack. Denn so wird es Ihnen auch am besten schmecken.

... zu den Personenangaben

Alle Rezepte sind für 4 Personen, sofern es nicht anders angegeben ist. Aber natürlich hängt es auch davon ab, ob Sie das Gericht als Beilage, Hauptgang oder Vorspeise servieren möchten.

... zur Produktqualität

Natürlich ist es besonders bei Gemüse wichtig, dass es möglichst frisch in die Küche kommt. Ob es aus dem konventionellen Anbau oder von Bio-Höfen stammt, ist mehr eine Frage der richtigen Gesinnung als des Geschmacks.

... zum Backofen

Achten Sie immer darauf, dass der Backofen rechtzeitig vorgeheizt wird. Ich benutze bei Gemüsegerichten ausschließlich Ober- und Unterhitze.

... zur Bissfestigkeit

Außer bei Aufläufen und deftigen Schmorgerichten bevorzuge ich es, wenn Gemüse nicht weich gekocht, sondern noch etwas bissfest ist, also beim Kauen noch etwas Widerstand leistet. Dementsprechend wirken die Garzeiten gelegentlich vielleicht etwas kurz, aber gerade dann entwickelt sich der Geschmack im Mund am besten.

... zu den Gewürzen

Bei Gewürzen benutze ich ausschließlich Bio-Produkte von höchster Qualität, weil sich deren hintergründiges Aroma deutlich von billigen Supermarkt-Produkten aus dem Einheitsregal abhebt. Ich verwende nur naturbelassenes Meersalz und immer frisch gemahlenen Pfeffer und ebenso Gewürze, soweit sie im Ganzen als Körner und Samen erhältlich sind.

... zu den Schnittgrößen

Je sorgfältiger man bei der Zerkleinerung der jeweiligen Zutaten vorgeht, desto besser schmeckt es hinterher, wenn es bei dem entsprechenden Gemüse Sinn macht. Deswegen ist in meinen Rezepten relativ häufig die genaue Schnittgröße angegeben und es ist die etwas größere Mühe wert.

... zur Butter

Ja, Butter. Immer gerne und immer gerne ein bisschen mehr, besonders bei Gemüse.

A

ARTISCHOCKE

AUBERGINE

AVOCADO

Artischocken
mit Weißwein und Olivenöl

Die Blätter von gekochten Artischocken abzuzupfen und in Dips getaucht zu zuzeln, ist zwar sehr beliebt, wird aber dem wahren Geschmack der schönen Distelblüte nicht gerecht. Den schmeckt man aber bei dieser Zubereitung erst recht.

Zutaten für 2 Personen

10 große grüne Artischocken
3 EL trockener Weißwein
1 Zitrone
Olivenöl, Salz, Pfeffer

Zubereitung

Zuerst in einer Schüssel den Saft von 1 Zitrone mit 1 Liter Wasser mischen.

Das größte Hindernis bei der Vorbereitung einer Artischocke ist die Psyche: Ungefähr drei Viertel dieser schönen großen Pflanze kann man nicht essen und müssen daher entfernt werden. Dabei geht man so vor: Zuerst den dicken Stiel abbrechen, das geht an einer Tischkante ganz gut. Dann die äußeren dicken Blätter vorsichtig von oben nach unten von Hand abtrennen. Wenn die Artischocke nun um etwa zwei Drittel geschrumpft ist und nur noch die weichen Blätter dran sind, schneiden Sie unten so viele der restlichen Blätter weg, dass der Rand des Artischockenbodens sichtbar ist. Danach halbieren Sie die verbleibende Artischocke einfach der Länge nach. Nun können Sie den Querschnitt erkennen. Alles, was nicht fest ist, also vom faserigen Gewebe bis zu den Blätterresten, schneiden Sie nun weg, bis nur noch das gelbliche, feste Artischockenherz übrig bleibt. Bei der ersten Artischocke murkst man vielleicht noch etwas rum, aber spätestens bei der zweiten weiß man schon, wie es geht, weil man dann ihre Anatomie kennt. Die sauber geschnittenen Artischockenböden sofort in das Zitronenwasser legen. Sie laufen nun noch etwas dunkel an, das beeinträchtigt aber nicht den Geschmack.

Jetzt ist die Artischocke bereit zum Garen. Die halbierten Artischockenherzen noch einmal in jeweils drei Stücke schneiden und in einem Topf in etwas Olivenöl andünsten, dabei salzen und pfeffern. Mit dem Weißwein ablöschen, den Deckel auflegen und 5 Minuten bei mittlerer Hitze weiterdünsten. Noch einmal durchrühren, abschmecken und mit etwas frischem Olivenöl vermischen. Fertig.

So passen die Artischocken zu kurz gebratenem Schweine- oder Kalbfleisch oder zu Jakobsmuscheln. Wie jedes mediterrane Gemüse sind sie aber auch einfach nur mit knusprigem Baguette serviert eine schöne puristische Vorspeise.

Auberginen mit schwarzen Oliven und Pinienkernen zu Pasta

Zutaten für 2 – 3 Personen

1 Pf. Auberginen
2 Knoblauchzehen
1 EL Kapern (aus dem Glas, aber in Salz eingelegt, nicht in Essig)
20 schwarze Oliven (entsteint)
2 EL Tomatenmark (einfach konzentriert)
30 g Pinienkerne
Olivenöl, Salz, Pfeffer, Chilipulver
300 g Penne (kurze dicke Röhrennudeln)
Pecorino

Zubereitung

Die Kapern in kaltem Wasser 15 Minuten wässern, dann durch ein Sieb abgießen. Die Oliven längs halbieren, die Pinienkerne in einer Pfanne ohne Öl bei mittlerer Hitze goldbraun rösten und abkühlen lassen. Die Knoblauchzehen fein hacken. Die Auberginen waschen, den Stielansatz entfernen und die Auberginen in kleine Würfel von maximal 2 Zentimeter Länge schneiden.

Die Würfel in etwas Olivenöl bei starker Hitze anbraten und ständig dabei rühren, den Knoblauch kurz mitdünsten, Kapern und Oliven zufügen. Alles gut verrühren und die Hitze reduzieren. Jetzt vorsichtig salzen, pfeffern und zum Schluss das Tomatenmark und eine Prise Zucker untermischen. Etwa 0,1 Liter Wasser zugießen – oder etwas mehr, aber nicht so, dass wirklich viel Flüssigkeit im Topf ist. Das Ganze bei niedriger Hitze 5 Minuten offen schmoren, dann die Pinienkerne unter die Sauce ziehen, noch einmal abschmecken und etwas Chilipulver für eine feine Schärfe dazugeben.

Die Penne al dente kochen. Beim Abgießen ein wenig vom Kochwasser zurückbehalten und unter die Auberginensauce rühren, wenn sie zu dick sein sollte.

Nach Bedarf mit geriebenem Pecorino bestreut servieren.

Auberginengemüse mit Paprika und Schmand

Zutaten

750 g Auberginen
2 grüne Paprika
1 große Zwiebel
1 Knoblauchzehe
150 g saure Sahne
200 g Schmand
Olivenöl, Meersalz, Pfeffer, Chilipulver

Zubereitung

Die Auberginen in kleine Würfel von etwa 2 Zentimeter Länge schneiden, ordentlich mit Meersalz bestreuen und gründlich durchmischen. 2 Stunden ziehen lassen. Die entkernten Paprika in etwas kleinere Stücke und die Zwiebel relativ grob zerschneiden, den Knoblauch fein hacken. Zunächst die Paprika, die Zwiebeln und den Knoblauch zusammen bei mittlerer Hitze in etwas Olivenöl andünsten, salzen und pfeffern. 3 Esslöffel Wasser zufügen, den Deckel auflegen und noch maximal 5 Minuten weiterdünsten.

Den Backofen auf 100 Grad vorheizen. Die Auberginenwürfel unter fließend kaltem Wasser kurz abspülen und mit beiden Händen möglichst fest ausdrücken. Mit etwas Olivenöl bei starker Hitze und unter ständigem Rühren anbraten. Sobald sie etwas gebräunt sind, die Paprika mit ihrem Sud einrühren, alles noch einmal 5 Minuten offen garen und abschmecken, auch mit einer Prise Chili.

Saure Sahne und Schmand mit etwas Olivenöl vermischen und über dem Gemüse verteilen. Den Deckel auflegen und für 30 Minuten in den Backofen stellen.

Passt natürlich sehr gut zu Lamm, aber auch zu Rindfleisch oder einfach nur zu Reis.

Avocadocreme
mit Schnittlauch und Frischkäse

Zutaten

3 reife Avocados
150 g Doppelrahm-Frischkäse
1 Bund Schnittlauch
Saft von ½ Zitrone
1 gestrichener TL edelsüßes Paprikapulver
Meersalz, schwarzer Pfeffer

Zubereitung

Die Avocados längs halbieren, den Kern entfernen und das Fruchtfleisch aus der Schale löffeln. In einer Schüssel die Avocadostücke und den Frischkäse mit einer Gabel grob zerdrücken, den Zitronensaft dazugießen, salzen und pfeffern. Das Paprikapulver drüberstreuen, alles relativ fein zerdrücken und so mischen, dass die Masse zwar cremig ist, aber ruhig noch ein paar Avocadostückchen darunter sind. Den Schnittlauch in feine Röllchen schneiden, unterheben und die Creme noch einmal herzhaft abschmecken.

Eine schöne Serviervariante ist, die Avocadocreme auf geröstetes Baguettebrot zu streichen und mit einer dünn geschnittenen Tomatenscheibe zu garnieren.

Avocado mit Tomate und Ei

Zubereitung

Den außergewöhnlich tollen Geschmack dieses Salates erreichen Sie nur unter strikter Beachtung der folgenden drei Punkte:

1. Die Avocados müssen reif sein. Das erkennt man daran, dass die Avocado leicht eingedrückt werden kann.
2. Die Tomaten müssen entkernt sein, sonst wird's wässrig.
3. Der Pfeffer muss frisch gemahlen oder gemörsert werden.

Ansonsten ist die Zubereitung wie immer ganz einfach. Zunächst legen Sie die angepiksten Eier in kochendes Wasser und garen sie 8 Minuten. Die hart gekochten Eier dann mit kaltem Wasser abschrecken und abkühlen lassen. Die Tomaten halbieren und mit dem Daumen die Kerne und den Glibber herausdrücken, dann längs in dünne Streifen und anschließend quer in kleine Würfel von etwa 5 Millimeter Kantenlänge schneiden und in eine Schüssel legen. Jetzt mit einer Prise Zucker, Salz und frisch gemahlenem Pfeffer würzen.

Die Avocados längs halbieren, den Kern entfernen, das Fruchtfleisch mit einem Esslöffel aus der Schale hebeln und wie die Tomaten würfeln. Die Avocadostückchen sofort mit den Tomatenwürfeln vermischen und alles mit Zitronensaft abschmecken, wieder salzen und pfeffern. Die Eier pellen, ebenfalls in kleine Würfel schneiden und mit den Avocado-Tomaten so kräftig vermischen, dass ein Teil der Avocados etwas cremig wird und den Salat quasi bindet.

Jetzt schmecken Sie das Ganze noch ein letztes Mal mit Pfeffer, Salz und Zitronensaft ab, lassen den Salat etwa 30 Minuten im Kühlschrank durchziehen und servieren ihn dann mit dem besten Baguette, das Sie in der Stadt bekommen können.

Zutaten

3 reife Avocados
4 Tomaten
2 Eier
Zitronensaft (von etwa ½ Zitrone)
Salz, schwarzer Pfeffer
1 Prise Zucker

B

BÄRLAUCH

BASILIKUM

BLUMENKOHL

BOHNEN

BROKKOLI

BROT

Bärlauch-Quiche

Zutaten
für eine Tarteform von 28 cm Durchmesser

Für den Teig

350 g Mehl
1 TL Backpulver
1 TL Salz
150 g Butter
1 Ei
2 EL kaltes Wasser

Für die Füllung

1 Bund Frühlingszwiebeln
150 g Emmentaler
300 g saure Sahne (10 % Fett)
4 Eier
40 Blätter Bärlauch
Butter, Salz, Pfeffer, Muskatnuss

Zubereitung

Das Mehl mit dem Backpulver und dem Salz vermischen, die kalte Butter in Würfel schneiden. Beides mit den Knethaken des Rührgeräts bearbeiten, bis sich streuselähnliche Stücke bilden. Dann das Ei und das Wasser zufügen, sodass ein geschmeidiger Teig entsteht, den Sie dann in Klarsichtfolie einwickeln und 1 Stunde im Kühlschrank ruhen lassen.

Währenddessen die Frühlingszwiebeln waschen und putzen, dann mit dem Grün in schmale Röllchen schneiden. Die Frühlingszwiebeln in etwas Butter knapp 5 Minuten dünsten und abkühlen lassen. Den Käse raspeln.

Von den Bärlauchblättern die Stängel abzupfen, dann die Blätter längs halbieren und quer in schmale Streifen schneiden. Die Eier mit der sauren Sahne verquirlen, wenig salzen und ordentlich mit Pfeffer und Muskat würzen. Den Backofen auf 180 Grad vorheizen.

Zur Fertigstellung der Quiche den Mürbeteig so passend rund für die Tarteform ausrollen, dass noch genug für den etwa 2 Zentimeter hohen Rand übrig bleibt. Den Teig einlegen, andrücken und gleichmäßig mit den Bärlauchstreifen bestreuen, darüber die abgekühlten Zwiebeln und schließlich den Käse verteilen. Zum Schluss die Eiersahne darübergießen und alles im Backofen 45 Minuten backen.

Die Form herausnehmen, die Quiche 10 Minuten abkühlen lassen, in gleichmäßige Stücke schneiden und servieren. Dazu passt jeder Blattsalat.

Basilikum-Dip

Zutaten

1 großes Bund frisches Basilikum, im Zweifelsfall besser zwei
½ Bund glatte Petersilie
½ Bund Kerbel
30 g Pinienkerne
1 kleine Knoblauchzehe
30 g geriebener Parmesan
0,1 l Olivenöl
200 g Tomaten in Stücken (aus dem Glas)
Salz, Pfeffer, Zitronensaft

Zubereitung

Die Basilikum-, Kerbel- und Petersilienblätter von den Stängeln zupfen, zusammen mit den Pinienkernen, der Knoblauchzehe, dem Parmesan und dem Olivenöl in den Mixer geben. Die Tomatenstücke zufügen und alles ordentlich durchmixen. Noch einmal abschmecken, auch mit ein paar Tropfen Zitronensaft. Falls der Dip zu dick ist, noch etwas Olivenöl einrühren.

Dieser Dip passt sehr gut zu kurz gebratenem Schweinefleisch, Geflügel oder Grillfleisch, er eignet sich auch als Aufstrich für frisches Baguette oder Ciabatta.

Blumenkohlauflauf
mit Orecchiette

Zubereitung

Den Blumenkohl waschen, das Grün und den dicken Strunk wegschneiden, dann den Blumenkohl in seine Röschen zerteilen. Diese Röschen mit sehr wenig gesalzenem Wasser in einem Topf mit geschlossenem Deckel 5 Minuten köcheln, sie sollten noch nicht richtig weich sein.

Die Orecchiette al dente kochen, mit kaltem Wasser abschrecken und abtropfen lassen, mit den Blumenkohlröschen vermischen und in eine ausgebutterte Auflaufform geben.

Zum Überbacken die Käsesauce herstellen. Bei niedriger Hitze in einem Topf die Butter zerlassen, das Mehl einstreuen und so lange rühren, bis das Fett ganz aufgesogen ist. Dann die heiße (!) Milch nach und nach dazugießen. Dabei immer so lange rühren, bis die Milch aufgesogen ist, so entsteht langsam eine glatte, cremige Sauce. Anschließend die Sauce einmal kurz aufkochen und mit ein paar Tropfen Zitronensaft, Salz, Pfeffer und Muskat würzen. Dann den Käse zufügen und so lange rühren, bis die Sauce wieder glatt ist, etwas abkühlen lassen. Zum Schluss die Sauce über dem Auflauf verteilen, diesen im vorgeheizten Backofen bei 180 Grad 45 Minuten backen.

Wenn die Oberfläche zu schnell bräunt, die Form mit Alufolie abdecken. Sofort servieren.

Zutaten für 2 – 3 Personen

1 Blumenkohl
200 g Orecchiette

Für die Käsesauce

2 EL Butter
2 EL Mehl
½ l Milch
150 g geriebener Hartkäse (Emmentaler, Greyerzer, Comté)
Zitronensaft, Salz, Pfeffer, Muskatnuss

Blumenkohl orientalisch

Zutaten

1 Blumenkohl (etwa 1 kg)
6 Tomaten
2 Zwiebeln
2 Knoblauchzehen
1 g Safranfäden
2 TL Kreuzkümmelsamen
2 EL frische Petersilienblätter, grob zerschnitten
Olivenöl, Salz, Pfeffer

Zubereitung

Die Safranfäden mit etwas kochendem Wasser übergießen und 30 Minuten ziehen lassen. Den Blumenkohl waschen, das Grün und den dicken Strunk wegschneiden, dann den Blumenkohl in seine größeren Röschen zerteilen, also 8 bis 10 Stück. Diese Röschen mit sehr wenig gesalzenem Wasser in einem Topf mit geschlossenem Deckel 5 Minuten köcheln und anschließend im Topf lassen. Währenddessen die Tomaten unten kreuzweise einschneiden, mit kochendem Wasser übergießen und nach 2 Minuten mit kaltem Wasser abschrecken. Die Haut abziehen, die Tomaten halbieren, entkernen und den Glibber in ein Sieb legen. Den abtropfenden Tomatensaft auffangen.

Die Zwiebeln fein würfeln und in Olivenöl 5 Minuten lang glasig dünsten, etwas salzen und pfeffern. Die Kreuzkümmelsamen grob mörsern. Den Knoblauch fein hacken und kurz mit den Zwiebeln dünsten, den Kreuzkümmel einrühren. Mit dem Safran, seinem Sud und dem Tomatensaft ablöschen. Alles aufkochen lassen, die in Stücke geschnittenen Tomaten und die Petersilie einrühren und noch einmal abschmecken.

Das Blumenkohlwasser abgießen, die Röschen auf Teller geben und die Sauce gleichmäßig darüber verteilen. Schmeckt lauwarm besser als heiß.

In diesem Rezept zeigt die edelste aller Kohlsorten, dass sie problemlos die Hauptrolle in einem Gericht spielen kann. Unterstützt wird sie von frischen Tomaten und orientalischen Gewürzen, deren Geschmack sich besonders schön entwickelt, wenn man den Salat lauwarm serviert.

Blumenkohlpüree
mit gebratenen Röschen

Zutaten für 2 Personen

1 Blumenkohl (ca. 1 kg)
ca. 300 g mehlige Kartoffeln
2 EL Butter
1 Becher Schmand
Butterschmalz
Salz, Pfeffer, Muskatnuss
helle Sojasauce

Diese Kombination von Püree und gebratenen Röschen ist schlichtweg hinreißend und eine wunderbare Beilage zu paniertem Fisch sowie zu Bratwurst und Frikadellen. Wenn es vegetarisch bleiben soll, servieren Sie diese Variante als Beilage zu gebratenem Topinambur (siehe Seite 141).

Zubereitung

Den Blumenkohl waschen, putzen und in seine Röschen zerlegen. Zwei große Röschen beiseitelegen, den restlichen Blumenkohl in etwas gesalzenem Wasser mit geschlossenem Deckel in 20 Minuten weich kochen.

Die Kartoffeln waschen und schälen. Auf zwei Drittel gekochter Blumenkohl sollte ein Drittel Kartoffeln kommen, beides roh und geputzt gewogen. Die Kartoffeln ebenfalls in Salzwasser weich kochen.

Dann den weichen Blumenkohl und die Kartoffeln in einen großen Topf umfüllen und mit dem Stampfer zu einem Brei zerdrücken, dabei noch etwas salzen, mit Muskatnuss und Sojasauce würzen und die Butter einarbeiten. Mit dem Schmand cremig abstimmen, das Püree sollte aber nicht zu weich werden.

Die zwei rohen Blumenkohl-Röschen relativ fein mit einem großen Messer zerhacken und in einer Pfanne mit Butterschmalz bei mittlerer Hitze braten, bis sie leicht gebräunt sind. Etwas salzen und über dem angerichteten Püree verteilen.

... und auch noch die italienische Variante:

Blumenkohl mit Tomaten und Oliven

Zutaten

1 mittelgroßer Blumenkohl
6 Tomaten
25 schwarze Oliven (entsteint)
1 Zwiebel
Salz, Pfeffer, Zucker, Olivenöl

Zubereitung

Einen ganzen Blumenkohl zu kochen geht ganz einfach – mit wenig Wasser und etwas Salz. Gießen Sie etwa 2 Zentimeter hoch Wasser in einen Topf, der möglichst nicht viel größer ist als der Kopf selbst, von dem Sie vorher das gesamte Grün ab- und das Ende des Strunks herausgeschnitten haben. Bringen Sie das Wasser zum Kochen und legen Sie den Blumenkopf in den Topf, salzen Sie ihn und legen Sie den Deckel auf. Nach rund 15 Minuten sollte der Blumenkohl gar sein, aber nicht zu weich. Am besten schmeckt er, wenn er noch etwas Biss hat.

Währenddessen die Tomaten enthäuten: Zuerst die Haut unten kreuzweise einritzen, dann kochendes Wasser über die Tomaten gießen und sie 2 Minuten darin ziehen lassen, anschließend kalt abschrecken. Jetzt lässt sich die Haut ganz einfach abziehen. Dann die Tomaten halbieren, entkernen und in ziemlich kleine Würfel schneiden. Die Oliven vierteln.

Die Zwiebel klein schneiden und in etwas Olivenöl glasig dünsten. Dann die Tomatenwürfel darin heiß werden lassen und etwa 5 Minuten ganz leicht köcheln, dabei salzen, pfeffern und vielleicht noch mit einer Prise Zucker abschmecken. Die Oliven mit den Tomaten nur kurz heiß werden lassen und zum Schluss noch etwas Olivenöl nachgießen.

Zum Servieren legen Sie den abgetropften Blumenkohl auf einen Teller, schneiden ihn in Viertel und gießen die heiße Tomatensauce so darüber, dass sie den Platz zwischen den Schnittstellen auffüllt. Sieht toll aus und schmeckt auch so.

Grüne Bohnen
mit Schafskäse und Olivenöl

Zutaten
750 g Stangenbohnen
100 g Schafskäse
5 Zweige frischer Thymian
2 Knoblauchzehen
6 EL Olivenöl
Zitronensaft, Salz, Pfeffer

Zubereitung
Die Bohnen waschen und putzen, dann in etwa 3 Zentimeter lange Stücke schneiden. Die Stücke in kräftig gesalzenem Wasser 15 Minuten kochen, abgießen und im Topf warm halten. Den Schafskäse in kleine Würfel schneiden. Die Thymianblätter von den Stängeln abzupfen und den Knoblauch fein hacken. Das Olivenöl in die Pfanne gießen und zusammen mit dem Knoblauch gerade so heiß werden lassen, dass der Knoblauch zu duften beginnt. Zum Anrichten die Bohnen, die nicht mehr heiß, sondern nur warm sein sollten, mit den Thymianblättchen im Topf gründlich vermischen, dabei salzen und pfeffern sowie mit Zitronensaft abschmecken. In eine Schüssel umfüllen und das Olivenöl aus der Pfanne mit dem Knoblauch unterziehen. Vor dem Servieren den Schafskäse drüberbröseln.

Passt sehr gut zu kurz gebratenem oder gegrilltem Fleisch jeder Art, schmeckt aber natürlich auch einfach nur mit frischem Baguette.

Brokkoli mit Mandeln und Scamorza

Zubereitung

Den Brokkoli kurz unter kaltem Wasser waschen, dann die Röschen mit ihren dünnen Stängeln vom Hauptstrunk abschneiden und grob zerhacken. Diesen dicken Strunk sorgfältig schälen, unten sauber abschneiden und anschließend in Stifte von etwa 3 x 1 Zentimeter zerteilen. Die Röschen grob zerschneiden, die Knoblauchzehen fein hacken, die Zwiebel klein würfeln.

Die Mandelblättchen in etwas Olivenöl und dezent gesalzen in einer Pfanne goldbraun rösten, abkühlen lassen.

Zwiebeln und Knoblauch zusammen in Olivenöl glasig dünsten. Die Brokkoli-Stifte einrühren, salzen, pfeffern. 5 Minuten offen bei mittlerer Hitze dünsten, dabei immer mal wieder rühren. Nun die Hälfte der Röschen dazugeben, kurz mitdünsten, dann den restlichen Brokkoli zufügen. Mit der Hälfte des Weißweins ablöschen und alles zusammen weitere 5 Minuten lang offen dünsten und gelegentlich umrühren. Den restlichen Weißwein angießen und nun so lange offen weitergaren, bis der Brokkoli zwar nicht mehr hart, aber doch noch bissfest ist. Das Rühren dabei nicht vergessen. Zum Schluss die Mandelblättchen gründlich unterziehen und noch einmal gut abschmecken, vielleicht auch noch mit etwas frischem Olivenöl.

Heiß auf die Teller verteilen und den geriebenen Scamorza drüberstreuen.

Zutaten

1 kg Brokkoli
2 Knoblauchzehen
1 große Zwiebel
0,1 l trockener Weißwein
Olivenöl, Salz, Pfeffer
50 g Mandelblättchen
50 g geräucherter Scamorza

An keinem anderen Gemüserezept habe ich mich beim Ausprobieren so abgearbeitet wie an diesem. Brokkoli braucht einfach eine besonders sorgfältige Zubereitung, damit er wirklich ohne Fleisch bestehen kann. Der Schlüssel dazu sind hier die gesalzenen Mandelblättchen und der geräucherte Käse. Außerdem sollte der Brokkoli selbst keinesfalls weich werden.

Norditalienischer Brotsalat

Zutaten

½ Baguette (kann auch vom Vortag sein)
3 Stangen Bleichsellerie
6 Tomaten
ca. 20 schwarze Oliven (entsteint, in Öl eingelegt)
Salz, Pfeffer, Olivenöl
weißer Balsamicoessig (oder sehr milder Weißweinessig)

Zubereitung

Bei diesem Salat kommt es besonders auf den richtigen Zuschnitt der einzelnen Zutaten an, damit sie sich schön ineinanderfügen.

Heizen Sie den Backofen auf 180 Grad vor und schneiden Sie das Baguette schräg in etwa 3 Millimeter dicke Scheiben. Legen Sie diese auf das Backblech und lassen Sie sie in etwa 10 Minuten »trocknen« – dabei verbiegen sie sich wellig, und das soll auch so sein. Danach lassen Sie sie auf einem Kuchengitter abkühlen.

Den Bleichsellerie sollten Sie vorher blanchieren, das geht so: Zuerst die geputzten Selleriestangen in streichholzähnliche Streifen schneiden, sie dürfen aber ruhig doppelt so dick sein (oder noch etwas dicker, aber nicht zu viel). Einen Topf mit etwa 1 Liter Wasser aufsetzen, zum Kochen bringen und kräftig salzen. Die Selleriestreifen hineingeben und 2 bis 3 Minuten sprudelnd kochen lassen. Dann sofort abgießen und unter fließend kaltem Wasser abkühlen und abtropfen lassen.

Die Tomaten halbieren, den Stielansatz und das Kerngehäuse mit dem Glibber entfernen und die Hälften längs in Streifen (etwa sechs pro Hälfte) schneiden. Jetzt müssen Sie nur noch die Oliven (ohne Kern) längs vierteln und es ist so weit. Mischen Sie alle Zutaten bis auf das Baguette in einer Schüssel durch und würzen Sie dabei mit Meersalz und frischem schwarzen Pfeffer. Geben Sie tropfenweise den weißen Balsamico hinzu, vielleicht auch eine Prise Zucker und ganz wenig Olivenöl, schmecken Sie dabei immer wieder ab. Der Salat sollte auf keinen Fall »suppen«. Lassen Sie den Salat 2 Minuten durchziehen, mischen noch einmal kräftig durch, und verteilen ihn auf flache Teller.

Zum Schluss brechen Sie die Baguettescheiben ungefähr in der Mitte durch und stecken ein paar davon unregelmäßig zwischen den Salat.

Süditalienische Brotsuppe

Zutaten

1 Bund Frühlingszwiebeln
4 Knoblauchzehen
1 Pf. Brokkoli
250 g frischer Blattspinat
1 kleine getrocknete Chilischote
200 g altbackenes Landbrot (Weizen)
2 EL Tomatenmark
0,1 l Olivenöl
Meersalz, frisch gemahlener Pfeffer

Zubereitung

Die Knoblauchzehen längs halbieren. Vom Spinat die Stängel abreißen, die Blätter gründlich waschen und grob zerschneiden. Vom Brokkoli die Röschen vom dicken Strunk abschneiden und grob zerhacken. Die Frühlingszwiebeln waschen und putzen, längs halbieren und mit allem Grün in dünne Ringe schneiden. Die Chilischote halbieren und die Kerne entfernen. Das Brot klein würfeln.

Nun im Olivenöl die Frühlingszwiebeln und die Knoblauchzehen glasig dünsten, die Brotwürfel einrühren und kurz mitrösten, dann den Brokkoli und schließlich den Spinat mit der Chilischote zufügen. Dabei großzügig salzen, pfeffern und zuerst 1 Liter Wasser, dann das Tomatenmark dazugeben. So lange köcheln, bis das Brot zerfallen ist. Dann müsste eine dickflüssige Suppe entstanden sein. Verteilen Sie diese auf Teller, beträufeln Sie sie noch mit etwas frischem Olivenöl und servieren Sie dazu frisches Baguette.

C

CHAMPIGNONS

CHICORÉE

CHINAKOHL

Klare Pilzbrühe mit Schnittlauch

Heutzutage kommt sie viel zu selten auf den Tisch – die hausgemachte klare Brühe mit Einlage als leichter Auftakt zu einem großen Hauptgang. Dazu braucht man nicht einmal Fleisch, sondern wie hier nur verschiedene Pilze.

Zutaten

1 l Gemüsebrühe (siehe Seite 56)
10 g getrocknete Steinpilze
250 g frische Champignons
250 g frische Shiitakepilze
1 Bund Schnittlauch
Butter, Salz, Pfeffer, Muskatnuss, halbtrockener Madeira

Zubereitung

Die getrockneten Steinpilze mit so viel kochend heißem Wasser übergießen, dass sie gut bedeckt sind. 1 Stunde ziehen lassen, dann alles in einen Topf umfüllen. ¼ Liter Brühe dazugießen und 15 Minuten köcheln lassen.

Von den frischen Shiitakepilzen die Stängel abzupfen, die Hüte in schmale Streifen schneiden. Die Streifen in etwas Butter ganz kurz und kräftig anbraten, leicht salzen und pfeffern, zur Seite stellen. Die Champignons putzen oder sehr kurz unter viel kaltem Wasser waschen, kleine Exemplare halbieren, größere vierteln. Ebenfalls wie die Shiitakepilze kurz braten, salzen und pfeffern. Den Schnittlauch in feine Röllchen schneiden. Die Pilze zusammen mit der restlichen Gemüsebrühe und dem durch ein Sieb abgegossenen Steinpilzsud erhitzen und 2 Minuten köcheln.

Mit einer Prise Muskat würzen, mit Salz und Pfeffer sowie 1 bis 2 Esslöffel Madeira abschmecken. Zum Servieren mit reichlich Schnittlauch bestreuen.

Champignons im pikanten Käsekuchen

Zutaten für eine Springform von 26 cm Durchmesser

1 Pf. Cremechampignons
2 Zwiebeln
1 Pf. Quark (20 % Fett)
4 Eier
100 g Emmentaler
Zitronensaft, Salz, Pfeffer
Muskatnuss, Semmelbrösel, Butter

Zubereitung

Die Schnittstellen der Champignons am Stiel sauber schneiden, Sandreste entfernen und die Champignons schnell und gründlich waschen. Die Köpfe halbieren und in dünne Scheiben schneiden. Die Zwiebeln fein würfeln und in etwas Butter glasig dünsten, die Champignons einrühren, salzen, pfeffern und bei starker Hitze weiterdünsten, bis der austretende Saft fast verdunstet ist. Abkühlen lassen, mit etwas Zitronensaft und herzhaft mit Muskatnuss würzen.

Den Backofen auf 200 Grad vorheizen.

Den Käse reiben. In einer Rührschüssel die Eier schaumig schlagen, dann den Quark einrühren, den Käse und zum Schluss die Champignons. Noch einmal gut abschmecken. Den Teig in eine ausgebutterte und dick mit Semmelbröseln ausgestreute Springform füllen und 45 Minuten backen. Aus dem Ofen nehmen, 10 Minuten ziehen lassen und sofort servieren.

Dazu passt jeder Salat, aber auch anderes Gemüse wie Spargel, Möhren oder Wirsing.

Champignons
mit Radieschen und Schnittlauch

Zutaten
1 Pf. frische Cremechampignons
10 Radieschen
½ Bund Kerbel
1 dickes Bund Schnittlauch
Salz, Pfeffer

Für das Dressing
100 g Schmand (24 % Fett)
2 EL Sonnenblumenöl
Zitronensaft

Zubereitung
Die Champignons entweder mit einem feuchten Tuch putzen (wenn wenig Sand dran ist) oder so schnell wie möglich in viel kaltem Wasser gründlich waschen, die Stielansätze kurz abschneiden. Dann die Champignons in kochendem Salzwasser 2 Minuten blanchieren, abgießen und sofort mit kaltem Wasser abschrecken. Kleine Pilze längs halbieren, größere vierteln. Die Radieschen waschen, in dünne Scheiben schneiden und mit einem Messer grob hacken. Die Kerbelblättchen fein hacken, den Schnittlauch in schmale Röllchen schneiden und alles in einer Schüssel mischen, salzen und pfeffern.

Den Schmand mit ein paar Tropfen Zitronensaft und dem Sonnenblumenöl verrühren, mit den Pilzen vermischen und noch einmal abschmecken. Mindestens 30 Minuten durchziehen lassen.

Champignons und Morcheln mit Bandnudeln

Zubereitung

Die Morcheln etwa 2 Stunden lang in 0,2 Liter kaltem Wasser einweichen. Danach den Sud vorsichtig durch ein Sieb abgießen, die eingeweichten Morcheln wegen Sandresten noch einmal gründlich mit kaltem Wasser abspülen.

Die Champignons putzen oder waschen (so schnell wie möglich mit viel Wasser), dann schneiden Sie die Stielansätze unten knapp ab. Die Champignons in dünne Scheiben schneiden, große Pilze können Sie vorher noch halbieren. Die Zwiebeln klein würfeln und in etwas Butter in einem flachen Topf glasig andünsten. Dann die in Stücke geschnittenen Morcheln zufügen, salzen, pfeffern und beides 2 Minuten weiterdünsten. Die Hitze erhöhen und die Champignons dazugeben. Wenn diese etwas gebraten haben, löschen Sie sie mit dem Einweichwasser der Morcheln ab.

Lassen Sie die Champignons noch etwa 5 Minuten offen köcheln, dann gießen Sie die Sahne dazu und lassen alles auf etwa ein Drittel der Flüssigkeit einkochen, sodass es leicht cremig ist. Das dauert vermutlich noch einmal 10 Minuten, dann final abschmecken.

Die Bandnudeln al dente kochen und vor dem Servieren im Topf gründlich mit der Sauce vermischen.

Zutaten für 2 Personen

1 Pf. braune Champignons
20 g getrocknete Morcheln
2 Zwiebeln
200 g Sahne
Butter, Salz, Pfeffer
250 g Bandnudeln

Ja, die getrockneten Morcheln sind die teuersten Pilze überhaupt, aber sie geben dieser Sauce ihr unvergleichliches Aroma.

Chicorée
mit Orangen und schwarzen Oliven

Zutaten
4 Stauden Chicorée
2 kleine Orangen
20 schwarze Oliven (entsteint)
2 EL Sonnenblumenöl
100 g Schmand (20 % Fett)
Salz, Pfeffer, Zucker

Zubereitung
Ziehen Sie von den Chicorée-Stauden jeweils die äußeren Blätter ab und entfernen Sie unten den Wurzelansatz. Halbieren Sie die Stauden längs und schneiden Sie die keilförmigen Stängelansätze innen aus den Hälften heraus. Dann die Staudenhälften in die einzelnen Blätter zerlegen und einmal quer durchschneiden. Die Orangen filetieren und die Stücke quer in etwa 1 Zentimeter breite Würfel schneiden.

Die Oliven der Länge nach vierteln – ja, das ist wichtig für die geschmackliche Balance des Salats. Das Sonnenblumenöl mit dem Schmand verrühren, salzen und pfeffern, dann mit allen Salatzutaten vermischen. Noch einmal abschmecken, vielleicht auch mit einer sehr kleinen Prise Zucker.

Servieren Sie den Salat möglichst schnell: Wegen seines hohen Wassergehalts fängt der Chicorée schnell an, seine Flüssigkeit abzugeben, wenn er mit Salz in Berührung kommt. Die Vinaigrette wird dann zu dünn und der Chicorée zu weich. Es soll aber ein schön knackiger Herbstsalat werden …

Chinakohl

Zutaten

750 g Chinakohl
1 Knoblauchzehe
1 gehäufter TL edelsüßes Paprikapulver
¼ TL geräuchertes Paprikapulver (Pimentón de la Vera)
100 g Crème fraîche
Salz, Pfeffer, Butter

Zubereitung

Die äußeren Blätter des Kohls entfernen. Die Staude halbieren, die Hälften längs dritteln und den inneren Strunk herausschneiden. Die Stücke quer in dünne Streifen schneiden, diese wiederum zusammen mit der durchgepressten Knoblauchzehe in Butter andünsten. Salzen, pfeffern, beide Paprikapulver und die Crème fraîche einrühren.

Im geschlossenen Topf 5 Minuten bei niedriger Hitze dünsten, noch einmal abschmecken, fertig.

Chinakohl ist die Kohlsorte mit dem am wenigsten ausgeprägten Eigengeschmack. Er ist aber beliebt, weil er in Salaten oder asiatischen Gerichten seine knackige Frische einbringt. Erfahrungsgemäß bleibt dabei immer viel von der großen kompakten Staude übrig. Deswegen gebe ich Ihnen hier ein schnelles Rezept für eine außergewöhnliche Resteverwertung, die man als Beilage zu Fleisch und Geflügel vielseitig einsetzen kann.

E

ERBSEN

Erbsen und Möhren

Zutaten

1 kg frische Erbsen
(in der Schote)
1 Pf. Möhren
1 EL Butter
Salz, Pfeffer
Muskatnuss, Zucker

Zubereitung

Die Erbsenschoten mit den Fingern an den Nahtstellen so drücken, dass sie aufplatzen, und die Erbsen auspuhlen.

Die Möhren putzen und schälen, das obere Ende abschneiden. Dann die Möhren längs halbieren und in etwa 1 Zentimeter dicke Scheiben schneiden, kurz in der Butter andünsten. Achten Sie darauf, dass alle Möhrenstücke gleichmäßig dünn mit der Butter überzogen sind. Die Möhren salzen und pfeffern, eine Prise Zucker und etwa 0,1 Liter Wasser dazugeben. Den Deckel auflegen und die Möhren bei mittlerer Hitze etwa 10 Minuten lang vor sich hin köcheln lassen, währenddessen gelegentlich umrühren, damit sie gleichmäßig garen.

Wenn die Möhren schon etwas weich, aber noch bissfest sind, lassen Sie sie im offenen Topf weiterköcheln, bis das Wasser vollständig verdampft ist. Das dauert vielleicht noch einmal 5 Minuten, dann sollten die Möhren weich genug sein und schön glänzen.

Nun die Erbsen unter die Möhren mischen, 2 Minuten mitdünsten und den Geschmack noch einmal mit etwas Salz und etwas frisch geriebener Muskatnuss abrunden. Wenn Sie jetzt noch zusätzlich etwas Butter einrühren, dann glänzt das Gemüse noch mehr und schmeckt auch noch etwas besser.

Erbsensuppe mit Kaiserschoten

Zutaten

400 g Erbsen (ohne Schalen gewogen, dafür brauchen Sie ungefähr 1 ½ kg frische Erbsenschoten)
4 Frühlingszwiebeln
1 Zwiebel
1 Knoblauchzehe
0,3 l Gemüsebrühe (siehe Seite 56)
150 g Schmand
Worcestersauce, Salz, Pfeffer, Butter

Außerdem
200 g Kaiserschoten

Zubereitung

Die Frühlingszwiebeln waschen und putzen, Zwiebel und Knoblauch schälen. Alles in kleine Stücke schneiden und in etwas Butter andünsten, dabei salzen und pfeffern. 2 Esslöffel der gepuhlten Erbsen beiseitestellen, die restlichen einrühren und das Gemüse nun mit der Brühe ablöschen. Anschließend noch einmal dieselbe Menge Wasser dazugießen. Die Suppe 15 Minuten köcheln, bis die Erbsen sehr weich sind. Den Schmand in die Suppe rühren und alles in einem Standmixer oder mit einem Mixstab pürieren. Wenn die Suppe zu dick ist, noch etwas Sahne oder Wasser dazugeben. Zum Schluss noch einmal abschmecken.

Die gewaschenen Kaiserschoten schräg in sehr feine Streifen schneiden und zusammen mit den aufbewahrten Erbsen 5 Minuten in etwas Butter dünsten, dabei salzen, pfeffern und mit ein paar Tropfen Worcestersauce würzen.

Die Suppe in die Teller füllen und mit den Erbsen und Erbsenschoten als Einlage servieren.

F

FELDSALAT

FENCHEL

Mit Feldsalat gefüllte Käse-Windbeutel

Zutaten für 12 Windbeutel

Für die Windbeutel

60 g Butter
0,2 l Wasser
1 TL Salz
130 g gesiebtes Mehl
2 Eier
100 g geriebener Greyerzer

Für die Füllung

1 Pf. Feldsalat
100 g Sahne
2 Eigelb
Olivenöl, Salz, Pfeffer, Muskatnuss

Zubereitung

Für den Brandteig in einem Topf die Butter, das Wasser und das Salz zum Kochen bringen. Sobald das Wasser kocht, den Topf vom Herd nehmen und das Mehl auf einmal dazugeben. Mit einem Holzlöffel kräftig rühren, bis der Teig bindet und sich vom Topfboden löst. Dann bei schwacher Hitze auf dem Herd weiterrühren, bis der Teig ziemlich trocken geworden ist. Anschließend nacheinander die Eier und zum Schluss den geriebenen Käse einarbeiten. Den Backofen auf 200 Grad vorheizen

Das Backblech mit Backpapier auslegen und mit einem Esslöffel 12 etwa gleich große Teigklöße mit Abstand zueinander daraufsetzen. Etwa 25 Minuten backen, bis die Windbeutel aufgegangen und goldbraun sind. Auf einem Rost abkühlen lassen.

Für die Füllung den Feldsalat gründlich waschen und putzen, dann in einem großen Topf bei mittlerer Hitze in Olivenöl andünsten. Der Feldsalat fällt dabei wie Spinat in sich zusammen. Mit Salz, Pfeffer und Muskatnuss abschmecken. Die Sahne mit dem Eigelb verquirlen und unter den Feldsalat rühren. Das Ganze wieder vorsichtig erhitzen, aber keinesfalls aufkochen, dabei immer wieder rühren, bis die Flüssigkeit leicht cremig bindet. Noch einmal abschmecken.

Die Windbeutel quer halbieren, den Feldsalat gleichmäßig auf den unteren Hälften verteilen, die Deckel aufsetzen und sofort servieren.

Fenchel mit Koriander und Safran

Zubereitung

Vom gewaschenen Fenchel das Grün und den Wurzelansatz abschneiden. Die Knollen je nach Größe längs so in 4 oder 5 Stücke schneiden, dass die einzelnen Schichten noch so gut wie möglich aneinanderhängen bleiben. Den Knoblauch fein hacken. Die Orangenschale dünn abreiben, den Saft auspressen.

Nun die Fenchelstücke bei mittlerer Hitze in Olivenöl anbraten, sie sollen ruhig dabei an manchen Stellen bräunen. Dabei immer mal wieder rühren, nach 5 Minuten salzen, pfeffern und Safran, Koriander, Knoblauch sowie Orangenschale dazugeben. 5 Minuten weiterdünsten, dann den Orangensaft dazugießen. Den Deckel auflegen und bei niedriger Hitze 20 Minuten schmoren, zwischendurch immer mal wieder umrühren. So sind manche Fenchelstücke noch bissfest, andere sind schon weicher – genauso sollte es sein. Zum Schluss abschmecken und servieren.

Dieses Gericht eignet sich hervorragend als Beilage zu Geflügel und Fisch, ist aber auch lauwarm nur mit Baguette und mit Olivenöl beträufelt eine tolle Vorspeise.

Zutaten

750 g Fenchel
2 Knoblauchzehen
20 Fäden Safran
1 EL Koriandersamen, im Mörser zerstoßen
1 Bio-Orange
Olivenöl, Salz, Pfeffer

Gefüllter Fenchel
mit Polenta und Mais

Den meisten Frauen fällt zu Fenchel nur der Beruhigungstee beim Magengrummeln von Kleinkindern ein, den meisten Männern gar nichts. In Italien und anderen südeuropäischen Ländern gehört er zum Alltagsgemüse, besonders gern in Salaten oder als Beilage zu Fisch. Dieses Rezept zeigt, wie gut der Fenchel mit einer anderen italienischen Spezialität, der Polenta, und mit frischem Mais harmoniert.

Zutaten

50 g Polenta (Maisgrieß)
¼ l Milch
1 EL Butter
2 EL geriebener Bergkäse
2 Eier
2 frische Maiskolben
4 mittelgroße Fenchelknollen
200 g Möhren
2 EL Crème fraîche
Olivenöl, Butter, Zitronensaft
Salz, Pfeffer, Muskatnuss

Zubereitung

Die Milch zusammen mit der Butter und etwas Muskatnuss aufkochen und ordentlich salzen. Anschließend den Maisgrieß einrühren. Bei mittlerer Hitzezufuhr die Polenta ständig umrühren, dabei muss alles leicht köcheln, während der Grieß aufquillt und das Ganze langsam aber sicher dicker wird. Die Polenta hat die richtige Konsistenz erreicht, wenn sie sich so ähnlich verhält wie Kartoffelpüree, nur etwas fester. Etwas abkühlen lassen, mit ein wenig Zitronensaft abschmecken und den Bergkäse und die beiden Eier gründlich unterziehen.

Vom Fenchel die dicken grünen Äste abschneiden, das Fenchelgrün aufheben. Den Wurzelansatz knapp abschneiden und jeweils die äußeren zwei Schichten lösen. Diese Schichten in kochendem Wasser 2 Minuten blanchieren, abgießen und kalt abschrecken. Längs halbieren, sodass Sie insgesamt 16 schälchenartige Fenchelschichten haben. Den Backofen auf 200 Grad vorheizen.

Mit einem großen Messer die Maiskörner von den Kolben abschneiden und in etwas Butter kurz andünsten, dabei salzen. Mit der Polenta vermischen und die Fenchelschälchen damit füllen, auf ein mit Olivenöl eingepinseltes Backblech setzen und 30 Minuten überbacken.

In der Zwischenzeit den restlichen Fenchel und die Möhren klein würfeln. In etwas Butter andünsten, Crème fraîche einrühren, salzen, pfeffern, mit ein paar Tropfen Zitronensaft abschmecken und 5 Minuten offen köcheln. Das fein gehackte Fenchelgrün einrühren. Das Gemüse auf die Teller verteilen und die Fenchel-Schiffchen daraufsetzen.

G

GEMISCHTES GEMÜSE

GRÜNKOHL

GURKE

Gemüsebrühe

Dies ist eine schnell gekochte Basis-Gemüsebrühe als Grundlage für alle vegetarischen Suppen und andere Gerichte, in denen sie gebraucht wird.

Zutaten für rund 1 ½ Liter

1 ½ l Wasser
2 Stangen Lauch
2 Möhren
250 g Cremechampignons (geputzt gewogen)
1 eigroßes Stück Sellerie (Knolle)
1 Zwiebel
1 Knoblauchzehe
2 Lorbeerblätter
5 Zweige Thymian
5 Petersilienstängel
2 Tomaten
10 Pfefferkörner
Meersalz

Zubereitung

Das Gemüse putzen und waschen, große Teile grob zerkleinern. Die Zwiebel halbieren.

Alles ins kalte Wasser geben und zum Kochen bringen, nur wenig salzen. Etwa 45 Minuten lang leise offen köcheln. Dann die Hitze abschalten und die Suppe zusammen mit dem Gemüse abkühlen lassen.

Durch ein Sieb abgießen, direkt verwenden und/oder portionsweise einfrieren.

Gemüse-Lasagne

Völlig anders als das Original mit Fleisch und Tomaten, aber genauso verlockend als sozusagen nordeuropäische Variante.

Zubereitung

Den Lauch waschen und putzen, längs halbieren und in dünne Streifen schneiden. Die Zwiebeln würfeln, den Knoblauch fein hacken. Sellerie und Möhren schälen, dann grob raspeln. Von den geputzten und mit viel kaltem Wasser gründlich gewaschenen Champignons die Stielansätze kurz abschneiden, dann im Mixer sehr klein zerhacken. Den Wirsing in dünne Streifen schneiden, dickere Rippen aus den Blättern entfernen. Den Emmentaler reiben.

Dann zuerst die Zwiebeln mit dem Lauch und dem Knoblauch in der Butter andünsten, salzen und pfeffern. Möhren und Sellerie dazugeben, kurz mitgaren, dann die Champignons einrühren. 5 Minuten dünsten, mit Koriander und Muskat würzen, mit dem Weißwein ablöschen und aufkochen. Nun den Wirsing zufügen, die Sahne angießen, den Deckel auflegen und alles zusammen 10 Minuten bei mittlerer Hitze kochen. Etwa zwei Drittel des Käses einrühren, bis er geschmolzen ist.

Eine Auflaufform wählen, die so groß ist, dass das Gemüse in drei Schichten gelegt werden kann. Die Form passend mit Nudelplatten auslegen, diese mit etwas Sahne beträufeln und darauf die erste Schicht des Gemüses verteilen. Auf diese Weise noch zwei Mal verfahren, sodass Sie drei Schichten haben. Oben mit Nudelplatten abschließen, Sahne darauf verteilen und den restlichen Käse drüberstreuen. Mit Alufolie abdecken und in den auf 200 Grad vorgeheizten Backofen stellen. Nach 30 Minuten die Alufolie abnehmen und die Lasagne weitere 30 Minuten backen, bis die Oberfläche schön gebräunt ist. 10 Minuten außerhalb des Ofens ziehen lassen und servieren.

Zutaten

1 Stange Lauch
100 g Zwiebeln
3 Knoblauchzehen
250 g Knollensellerie
100 g Möhren
350 g braune Champignons
1 Pf. Wirsing (geputzt gewogen)
1 EL Korianderpulver
0,1 l trockener Weißwein
300 g Sahne
200 g Emmentaler
80 g Butter
Salz, Pfeffer, Muskatnuss
1 Packung Lasagne-Nudelblätter

Das Grundrezept und die Idee für dieses Rezept verdanke ich Roberto Carturan, Küchenchef und Besitzer des besten italienischen Restaurants in Köln, dem Ristorante Alfredo. Auch wenn er nie Knoblauch zufügen würde. Für mich ist diese ursprünglich aus der Toskana stammende Minestra vielleicht sogar das großartigste vegetarische Gericht, das ich jemals gegessen habe. Es lohnt wirklich die Mühe und den Zeitaufwand, und nur dann wird sie so umwerfend lecker. Deftig, tiefgründig und geheimnisvoll zugleich.

Zutaten für 4 – 6 Personen

200 g getrocknete kleine weiße Bohnen
2 Gemüsezwiebeln
2 Knoblauchzehen
4 Stangen Staudensellerie
3 Zucchini
3 Möhren
250 g Wirsing (ohne dicken Strunk gewogen)
250 g Grünkohl (nur die Blätter ohne dicken Äste, ersatzweise ist Spinat möglich)
4 Zweige frischer Thymian
2 große Dosen Tomaten
1 kleines Baguette vom Vortag
Salz, Pfeffer, Zucker, Olivenöl

Weiße Bohnen

mit Brot und Gemüse (Minestra di pane)

Zubereitung

Die Bohnen über Nacht in viel kaltem Wasser einweichen und schon am selben Abend die Minestra ansetzen, weil auch sie eine Nacht durchziehen muss.

Die Gemüsezwiebeln längs halbieren und quer in feine Streifen schneiden, ebenso die Staudenselleriestangen. Zucchini, Möhren und die Tomaten klein würfeln. Wirsing und Grünkohl so zerkleinern, dass die jeweilige Größe gut zu den anderen Zutaten passt. Den Knoblauch hacken.

Im Olivenöl zuerst Zwiebeln, Knoblauch und Staudensellerie 5 Minuten andünsten, dann die Thymianzweige, Zucchini und Möhren zufügen, weitere 5 Minuten garen und zum Schluss Wirsing und Grünkohl einrühren. Alles noch einmal 5 Minuten dünsten, dabei salzen und pfeffern und die Tomaten mit ihrem Saft untermischen. Alles zusammen bei mittlerer Hitze im geschlossenen Topf 45 Minuten köcheln lassen, dabei immer mal wieder durchrühren. Eventuell noch einmal mit Salz, Pfeffer und einer Prise Zucker abschmecken.

Das Baguette in dünne Scheiben schneiden. Ein Drittel des Gemüses in einer Auflaufform verteilen, eine Schicht Baguettescheiben darauflegen und mit etwas Olivenöl beträufeln, dann wieder eine Schicht Gemüse, Brot und Olivenöl, zum Schluss mit dem restlichen Gemüse bedecken. Mit Klarsichtfolie abdecken und über Nacht durchziehen lassen.

Am nächsten Tag die eingeweichten Bohnen mit frischem Wasser aufsetzen, zum Kochen bringen, salzen und etwa 45 Minuten köcheln lassen, bis sie weich sind, dann durch ein Sieb abgießen. Die Bohnen mit dem Gemüse und den Brotscheiben in einer Schüssel gründlich vermischen und in einem großen Topf bei mittlerer Hitze in Olivenöl andünsten. Im offenen Topf unter gelegentlichem Rühren so lange dünsten, bis ein dicker, saftiger Brei entstanden ist, der am Topfboden leicht ansetzt – dann ist die Minestra di pane gerade richtig.

In tiefen Tellern mit darübergeträufeltem Olivenöl servieren.

Vegetarischer Pichelsteiner

Zubereitung

Die Steinpilze mit etwa 0,3 Liter kochendem Wasser übergießen und 2 Stunden quellen lassen. Von den Shiitakepilzen die Stängel abknipsen und die Hüte in 5 Millimeter breite Streifen schneiden. Die abgezupften Kerbelblättchen fein hacken. Die geschälten Zwiebeln längs halbieren und quer in dünne Streifen schneiden, die geputzten Lauchstangen in dünne Ringe, auch das Grün. Kartoffeln, Möhren und Knollensellerie in etwa 5 Millimeter dicke Scheiben hobeln, wobei der Sellerie etwa dieselbe Größe wie die Möhrenscheiben haben sollte.

Zuerst die Zwiebeln in einer großen Pfanne in Butter anbraten und etwa 5 Minuten offen schmoren, dabei salzen und pfeffern. Aus der Pfanne nehmen und eine weitere Portion Butter darin schmelzen. Die Shiitakepilze nun bei großer Hitze anbraten, bis sie leicht gebräunt sind, dann aus der Pfanne nehmen und mit den Zwiebeln vermischen.

In einem großen Topf oder einer Kasserolle mit gut schließendem Deckel ein Drittel der Kartoffeln auf dem Boden verteilen, darauf ein Drittel vom Gemüse geben, salzen und pfeffern. Darüber die Hälfte der Pilze mit den Zwiebeln schichten und die Hälfte des Kerbels drüberstreuen. Darauf das zweite Drittel der Kartoffeln und des Gemüses verteilen, die restlichen Pilze mit den Zwiebeln sowie den restlichen Kerbel und zum Schluss wieder eine Lage Kartoffeln und Gemüse zufügen. Jede Schicht salzen und pfeffern.

Zum Schluss das Einweichwasser der Steinpilze über das Gemüse gießen, die Steinpilze selbst wegwerfen. Den Deckel auflegen, den Eintopf aufkochen und 45 Minuten lang leicht köcheln.

Zum Servieren reichlich gehackte Petersilie über den Eintopf streuen.

Das Original hat natürlich eine ordentliche Ladung Fleisch mit im Topf, aber das wird hier problemlos durch die sehr aromatischen frischen Shiitakepilze und die getrockneten Steinpilze ersetzt. Ein großartiger und sehr wärmender Eintopf für Herbst und Winter.

Zutaten für 4 – 6 Personen

300 g Zwiebeln
20 g getrocknete Steinpilze
600 g frische Shiitakepilze
750 g festkochende Kartoffeln
300 g Möhren
300 g Knollensellerie
2 Stangen Lauch
1 Bund Kerbel
Butter, Salz, Pfeffer
2 gehäufte EL fein gehackte Petersilie

Gemüsetatar

Entweder als ungewöhnlicher Auftakt eines schönen Abends mit Baguette zum Aperitif oder in der Kombination mit dem Schnibbelkuchen (siehe Seite 74) als Hauptgericht.

Zutaten

2 Möhren
2 Petersilienwurzeln
2 Stangen Staudensellerie
2 Frühlingszwiebeln
10 Kapern (in Salz, aus dem Glas)

Für die Mayonnaise

1 Ei
0,1 l kalt gepresstes Sonnenblumenöl
1 TL Senf
50 g Schmand (mind. 20 % Fett)
Zitronensaft, Salz, Pfeffer, Zucker

Zubereitung

Die Kapern aus der Salzlake nehmen und etwa 1 Stunde in kaltem Wasser einweichen. Alle Gemüsesorten waschen und putzen, dann in sehr kleine Würfel von etwa 2 Millimeter Kantenlänge schneiden oder im Mixer fein hacken, dann aber ohne die Frühlingszwiebeln – die müssen mit dem Messer geschnitten werden, weil sie sonst bitter schmecken können. Die Kapern mit Wasser abspülen und fein hacken.

Dann eine Mayonnaise herstellen, am einfachsten geht das mit einem Pürierstab. Alle Zutaten müssen die gleiche (Raum-)Temperatur haben. Dazu das Ei in ein relativ enges Gefäß geben, den Senf, eine Prise Zucker, Salz, Pfeffer, einige Tropfen Zitronensaft und das Sonnenblumenöl zufügen. Den Pürierstab auf den Boden des Gefäßes stellen, auf höchster Drehzahl einige Sekunden laufen lassen, dann langsam nach oben ziehen. Anschließend den Stab kreiselnd durch die Mayonnaise bewegen, bis sie bindet – das geht sehr schnell. Nun den Schmand unterrühren und noch einmal abschmecken.

Die Mayonnaise mit den feinen Gemüsewürfeln und den Kapern vermischen und kühl stellen.

Grünkohlsalat

Zubereitung

Wenn Sie frischen Grünkohl kaufen, zupfen Sie die Blätter von den Stängeln, waschen Sie sie gründlich in kaltem Wasser und schleudern Sie sie trocken, am besten in einer Salatschleuder. Dann schneiden Sie die Blätter in nicht zu feine kurze Streifen. Küchenfertig gekaufter Grünkohl hat schon die richtige Größe. Den Rucola ebenfalls waschen, Stängel abschneiden, die Blätter trocken schleudern und quer halbieren. Die Petersilienwurzeln schälen und fein raspeln, den Lauch putzen, längs halbieren und quer in feine Streifen schneiden.

Nun zuerst die Petersilienwurzelraspel in etwas Olivenöl bei geringer Hitze 10 Minuten leicht dünsten, zwischendurch umrühren. Die Fenchelsamen in einer Pfanne mit dickem Boden ohne Fett vorsichtig rösten, bis sie leicht duften, und anschließend abkühlen lassen.

Die erste Hälfte des Grünkohls in einer großen Pfanne in etwas Sonnenblumenöl anbraten, nach dem ersten Rühren die Hälfte der Lauchstreifen dazugeben, kurz mitbraten, umrühren und in eine große Schüssel umfüllen – das ganze Braten dauert nur 4 oder 5 Minuten. Dann die zweite Portion auf die gleiche Weise zubereiten, dabei schon salzen und pfeffern. Der Grünkohl wird und soll noch einen schönen Biss haben.

Zum Schluss alles in einer großen Schüssel mit dem Rucola, der warmen Petersilienwurzel und den Fenchelsamen gründlich vermischen, mit Balsamico und Sonnenblumenöl abschmecken und sofort servieren.

Dieser Salat schmeckt natürlich ganz anders als gekochter Grünkohl – schon ungewöhnlich, aber eben auch nicht so abgefahren, wie es sich vielleicht anhören mag. Also einfach mal ausprobieren.

Zutaten

ca. 1 kg frischer Grünkohl oder 300 g küchenfertig gekaufter Grünkohl
200 g Petersilienwurzel
1 Stange Lauch
200 g Rucola
4 EL Sonnenblumenöl
2 EL Olivenöl
ca. 1 EL Balsamicoessig
1 TL Fenchelsamen
Salz, Pfeffer

Gurke, Apfel und Ingwer

Zutaten

2 große Salatgurken
oder mehrere kleine Landgurken
(zusammen ca. 600 g)
1 großer süßsaurer Apfel (z. B. Jonagold, Cox)
50 g Ingwer
1 großes Bund Dill
150 g Schmand (mind. 10 % Fett)
3 EL Sonnenblumenöl
Salz, Pfeffer

Zubereitung

Die Gurken schälen und längs vierteln. Kerne und Glibber entfernen, dann die Gurken in sehr kleine Würfel von etwa 5 Millimeter Kantenlänge schneiden. Den geschälten und entkernten Apfel ebenso klein würfeln. Die Dillspitzen von den Zweigen zupfen und fein hacken. Alles in einer Schüssel vermischen und mit dem frisch geriebenen Ingwer würzen. Salzen, pfeffern und das Sonnenblumenöl unterziehen. 15 Minuten ziehen lassen und zum Schluss den Schmand dazugeben. Noch einmal abschmecken und kühl servieren.

JEMÖS!
Konzert der
verbrannten Dichter

K

KARTOFFELN

KICHERERBSEN

KOHLRABI

KOPFSALAT

KÜRBIS

Bäckerkartoffeln mit Rosmarin

Einfacher geht es nicht – Kartoffeln, die in vergangenen Zeiten auf den Dörfern im noch heißen Ofen des örtlichen Bäckers gegart wurden. Sie können gut vorbereitet werden und eignen sich als Sättigungsbeilage eigentlich für alles.

Zutaten

1 ½ kg vorwiegend festkochende Kartoffeln
2 Zwiebeln
0,3 l Milch
10 Zweige Rosmarin
Salz, Pfeffer, Olivenöl

Zubereitung

Die Kartoffeln schälen und mit dem Gemüsehobel oder einem großen Messer in etwa 3 Millimeter dicke Scheiben schneiden. Die Zwiebeln schälen, längs halbieren und quer in dünne Streifen schneiden. Die Rosmarin-Nadeln von den Zweigen streifen und nicht allzu fein hacken.

Eine große Auflaufform mit etwas Olivenöl auspinseln und mit einer Lage Kartoffelscheiben auslegen. Etwas Olivenöl gleichmäßig darüberträufeln, mit einem Drittel der Zwiebeln und einem Viertel des Rosmarins bestreuen, salzen, pfeffern. Bei den nächsten Lagen genauso verfahren, bis die vierte Schicht Kartoffeln oben liegt. Jetzt gießen Sie die Milch darüber, träufeln noch etwas Olivenöl dazu, salzen und pfeffern noch einmal und streuen den Rest des Rosmarins darüber.

Im auf 180 Grad vorgeheizten Backofen rund 60 Minuten backen, bis die Kartoffeln oben goldbraun und innen weich sind.

Pellkartoffeln mit Buttersauce

Eine Hommage an die unübertreffliche Verbindung von Kartoffeln und Butter. Für mich eine geniale Vorspeise – pur!

Zutaten

8 mittelgroße, vorwiegend festkochende Kartoffeln
200 g kalte Butter
2 Schnapsgläser Wasser
1 EL Zitronensaft
½ Bund Schnittlauch
Grobes Meersalz, gemörserter Pfeffer

Zubereitung

Den Schnittlauch in feine Röllchen schneiden und mit etwas grobem Meersalz und gemörsertem Pfeffer vermischen.

Für die Sauce die kalte Butter in fünf Stücke teilen. Das Wasser mit dem Zitronensaft und einer Prise Salz in einem kleinen Topf aufkochen, dann das erste Stück Butter mit dem Schneebesen einrühren, bis es sich fast aufgelöst hat, dabei darf das Wasser allerdings nicht mehr kochen. Drei weitere Stücke auf dieselbe Art nacheinander einrühren. Die Hitze dabei nicht reduzieren, das Ganze aber auch niemals aufkochen – so entsteht eine cremige Sauce. Den Topf vom Herd nehmen und dann das letzte Stück Butter einrühren. Man kann die Buttersauce danach wieder vorsichtig und unter ständigem Rühren erhitzen, sie darf aber nicht kochen, sonst verliert sie die Bindung.

Die Kartoffeln mit Schale in deutlich gesalzenem Wasser gar kochen, mit kaltem Wasser abschrecken, kurz ausdampfen lassen und pellen. Quer in Scheiben schneiden und diese etwas in die Länge gezogen auf die Teller legen, sodass die Scheiben noch etwas geschichtet sind.

Die warme Buttersauce darübergießen und die Schnittlauchröllchen drüberstreuen.

Eine ganz einfache und sehr schnelle Variante mit ähnlichem geschmacklichen Effekt, wenn auch ohne Butter, ist folgende: 1 Kilo geschälte Kartoffeln in Salzwasser weich kochen und abgießen. Die Kartoffeln mit einem Stampfer anquetschen und 250 g heiße, flüssige Crème fraîche darübergießen. Die Röllchen von einem Schnittlauchbund zufügen, salzen und mit einer Gabel grob verrühren.

Focaccia mit Kartoffeln und Salbei

Diese Focaccia ist ein echter Hingucker für jede Grillparty und die perfekte Beilage (wie die anderen Rezepte mit Kartoffeln) für fast alle Salat- und Gemüserezepte dieses Buches, besonders wenn man sie als Vorspeise umsetzt oder als kleines Einzelgericht. Satt Salbei können Sie zum Beispiel auch mit frischem Thymian oder Rosmarin experimentieren. Die Kartoffeln im Hefeteig geben dem Fladenbrot eine bemerkenswert feinporige Struktur

Zutaten für ein Backblech oder für 2 Tarteformen von 30 cm Durchmesser

Für den Hefeansatz

250 g Mehl, Type 550
10 g frische Hefe
ca. ¼ l Wasser

Für den Teig

20 g frische Hefe
600 g Mehl, Type 550
1 EL Salz
250 g kalte gekochte Pellkartoffeln
15 frische Salbeiblätter, sehr fein gehackt
5 EL Olivenöl
ca. 0,2 l Wasser

Zubereitung

Für den Hefeansatz die Hefe zerbröseln und mit 0,1 Liter lauwarmem Wasser vermischen, 10 Minuten stehen lassen. Kurz durchrühren, damit die Hefe sich auflöst, dann portionsweise mit den Knethaken eines Rührgeräts das restliche Wasser und das Mehl einarbeiten, bis ein klebrig-elastischer Teig entstanden ist. Diesen Hefeansatz in eine große Schüssel legen und mit Klarsichtfolie luftdicht abdecken. Mindestens 4 Stunden an den kühlsten Ort der Wohnung stellen, damit der Ansatz richtig durchgären kann. Jede weitere Stunde verbessert ihn geschmacklich. 8 Stunden sind schon sehr gut, am besten allerdings 24 Stunden.

Für den Teig die neue Hefe zunächst wieder in etwa 0,1 Liter lauwarmem Wasser auflösen, mit dem Hefeansatz und 100 Gramm vom Mehl vermischen. 30 Minuten angären lassen, dann in der Küchenmaschine die zu Püree gestampften Pellkartoffeln, das Salz und den

Salbei einrühren. Anschließend immer portionsweise das restliche Mehl, das restliche lauwarme Wasser und das Olivenöl verkneten, bis ein ganz leicht feuchter und sehr gleichmäßiger Teig entstanden ist.

Den Teig zurück in eine sehr große Schüssel legen und wieder mit Klarsichtfolie abgedeckt 2 bis 3 Stunden an einem kühlen Ort gehen lassen, bis der Teig mindestens das doppelte Volumen erreicht hat.

Ein Backblech ordentlich mit Olivenöl einpinseln. Den Teig mit der Hand gut durchkneten und auf einer mit Mehl bestäubten Arbeitsfläche auf etwa die Größe des Backblechs ausrollen, auf das Blech legen und mit leicht geölten Händen passend in die Ecken drücken.

Den Backofen auf 220 Grad vorheizen.

Das Blech mit einem Küchentuch abdecken und noch einmal 1 Stunde gehen lassen. Jetzt den Teig mit Olivenöl bepinseln, mit den Daumen einige Löcher hineindrücken und mit grobem Meersalz bestreuen. In den Backofen schieben und nach 15 Minuten die Hitze auf 200 Grad runterschalten. Insgesamt etwa 40 Minuten backen. Wenn die Focaccia goldbraun ist, ist sie fertig. Vom Backblech heben und auf einem Gitter abkühlen lassen.

Sie können die Focaccia auch problemlos noch 1 oder 2 Tage später wieder aufbacken oder sogar einfrieren.

Für eine neutrale Focaccia lassen Sie Kartoffeln und Salbei weg und erhöhen stattdessen die Mehlmenge für den Hefeteig um rund 100 Gramm.

Französisches Kartoffelgratin

Es muss einmal gesagt werden: In ein erstklassiges Kartoffelgratin gehören weder Zwiebeln noch Knoblauch noch zu viel Flüssigkeit. Die Kartoffel ist der Star, gefolgt vom Bergkäse, der unbedingt aus Rohmilch sein sollte.

Zutaten für 2 – 4 Personen

1 kg vorwiegend festkochende Kartoffeln
150 g Emmentaler oder Comtè
100 g Sahne
Salz, Pfeffer
Muskatnuss, Butter

Zubereitung

Wie bei allen ganz einfachen Gerichten ist die Sorgfalt bei der Zubereitung umso wichtiger. Den Backofen auf 200 Grad vorheizen. Die Kartoffeln in etwa 3 Millimeter dicke Scheiben hobeln und den Käse sehr fein reiben. Die Auflaufform dick einbuttern und mit der ersten Schicht Kartoffeln auslegen. Herzhaft mit Salz und frisch geriebener Muskatnuss würzen, leicht pfeffern und mit einem Drittel des Käses bestreuen. Mit einem Esslöffel ein Drittel der Sahne darüber verteilen und das Ganze noch zwei Mal wiederholen.

Die Auflaufform mit Alufolie abdecken und 30 Minuten lang backen. Dann die Hitze auf 180 Grad reduzieren, damit der Käse obenauf nicht zu dunkel wird und das Gratin in 20 bis 30 Minuten fertig garen (Stichprobe mit dem Küchenmesser).

Das Gratin aus dem Backofen nehmen und 15 Minuten ziehen lassen. Als Beilage passt bestens grüner Salat oder jedes Fleischgericht mit wenig Sauce.

Kartoffelpüree mit Oliven

Zutaten

1 kg vorwiegend festkochende Kartoffeln
0,2 l Olivenöl
1 Knoblauchzehe
100 g schwarze Oliven (entsteint)
Salz, weißer Pfeffer

Zubereitung

Die Kartoffeln schälen und in Salzwasser gar kochen. Dann das Wasser abgießen, dabei aber etwa 0,2 Liter davon in einem Becher auffangen. Die Kartoffeln mit dem guten alten Stampfer und 0,1 Liter des Kochwassers im heißen Topf zerstampfen, danach das Olivenöl und die durchgepresste Knoblauchzehe einrühren. Das Püree bleibt generell etwas fester als ein Püree mit Milch, aber Sie können es mit dem restlichen Kochwasser auf die gewünschte Geschmeidigkeit einstellen. Erst zum Schluss die in kleine Stückchen gehackten Oliven zufügen, mit Salz und etwas weißem Pfeffer abschmecken und das Kartoffelpüree noch einmal richtig heiß werden lassen. Ein zusätzlicher Stich Butter verfeinert übrigens noch das Aroma.

Das Püree passt wunderbar zu Wintersalat und kurz gebratenem Fisch oder Lammfleisch.

Kartoffel-Risotto

Zutaten

1 kg kalte Pellkartoffeln
2 Zwiebeln
0,2 l Milch
200 g Sahne
Salz, Pfeffer, Muskatnuss, Butter
1 EL fein gehackte Petersilie
1 EL Schnittlauch in Röllchen

Zubereitung

Die Kartoffeln ohne Schale auf einer groben Reibe raffeln. Die Zwiebeln fein würfeln. Milch und Sahne vermischen. Die Zwiebeln in etwas Butter glasig andünsten und die Hälfte der Milchsahne dazugießen. 2 Minuten köcheln und dabei salzen, pfeffern und mit Muskatnuss würzen. Die Kartoffeln einrühren und bei mittlerer Hitze weiterrühren, bis die Flüssigkeit fast aufgesogen ist, dann den Rest der Milchsahne dazugießen. Bei leichtem Köcheln weiterrühren, bis ein dicker gebundener Brei entstanden ist, noch einmal abschmecken, Petersilie und Schnittlauch unterziehen und servieren.

Das Kartoffel-Risotto passt zu Salat, Spiegelei oder kurz gebratenem Fleisch, Hühnchen und Fisch.

Skandinavischer Kartoffelsalat

Zubereitung

Die Kartoffeln mit der Schale kochen, abschrecken, pellen, längs halbieren und quer in etwa 1 Zentimeter dicke Scheiben schneiden. Die Gurke schälen, längs halbieren, die Kerne entfernen und die Gurke grob raspeln. Die Gurkenraspel legen Sie in ein Sieb, streuen etwas Salz darüber und lassen sie etwa 20 Minuten ziehen, dann tropft noch ordentlich Saft ab. Den vermischen Sie mit dem Wodka und gießen die Mischung über die Kartoffeln. Kräftig untermengen, dabei salzen und pfeffern und anschließend die Gurkenraspel unterziehen.

Den Schmand mit Öl, Senf, Meerrettich und Zucker verrühren, die Dillspitzen von den Stängeln zupfen und fein hacken.

Alle Zutaten für den Salat mischen und noch einmal abschmecken.

Wenn jetzt noch etwas eiskalter Wodka da ist, passt der natürlich bestens – kaltes Bier geht aber auch.

Perfekt wäre dazu eine geräucherte Makrele, von der Sie die Haut abziehen, danach lassen sich die Filets ganz leicht von der Mittelgräte lösen. Teilen Sie diese in Portionen und legen Sie sie zum Servieren auf den Kartoffelsalat.

Zutaten

1 kg festkochende Kartoffeln
1 große Salatgurke
250 g Schmand (mind. 20 % Fett)
4 EL Sonnenblumenöl
1 EL scharfer Dijonsenf
1 EL Meerrettich (aus dem Glas)
1 Schnapsglas Wodka
1 TL Zucker
1 Bund Dill
Salz, Pfeffer

Schnibbelkuchen
aus rohen Kartoffeln

Zutaten für einen Schnibbelkuchen
von der Größe einer großen flachen Pfanne, also für 2 – 4 Personen

1 kg vorwiegend festkochende Kartoffeln
Salz, Pflanzenöl

Zubereitung
Der Unterschied zwischen rheinischem Schnibbelkuchen und Schnibbelkuchen à la Einfach Gote ist, dass es sich bei meinem Schnibbelkuchen um pure Kartoffeln ohne Eier oder andere Zutaten außer Salz handelt.

Dazu müssen zunächst die Kartoffeln nach dem Waschen und Schälen in feine, streichholzgroße Streifen (Fachausdruck: Julienne) geschnitten werden – die meisten Gemüsehobel haben aber auch den richtigen Einsatz dafür. Dann in einer schweren Pfanne mit dickem Boden das Öl sehr stark erhitzen, die Kartoffelstreifen gleichmäßig darin verteilen und mit der flachen Hand andrücken. Gleichmäßig salzen und bei großer Hitzezufuhr so lange braten, bis die Kartoffeln am Rand zu bräunen beginnen. Den Schnibbelkuchen auf einen großen Topfdeckel gleiten lassen, zurück in die Pfanne wenden, wieder salzen und bei mittlerer Hitze weiterbraten, bis der Schnibbelkuchen gar ist. Das dauert insgesamt etwa 20 Minuten, zwischendurch ruhig noch einmal wenden und für etwa 5 Minuten einen Deckel auf die Pfanne legen.

Mit Feldsalat, gebeiztem Lachs oder Apfelmus oder allem, was einem dazu schmeckt, servieren. Oder natürlich mit dem Gemüsetatar von Seite 60.

Eintopf mit Kichererbsen
und Spinat

Zubereitung

Die Kichererbsen über Nacht in reichlich kaltem Wasser einweichen. Mit frischem Wasser aufsetzen, ordentlich salzen und in rund 1 Stunde weich kochen. Abgießen und etwa ½ Liter vom Kochwasser auffangen. Die Zwiebeln würfeln, den Knoblauch fein hacken und beides in etwas Olivenöl glasig dünsten. Die Brötchen in kleine Stücke schneiden, kurz mitdünsten und alles zusammen in den Mixer geben. Die Hälfte des aufgefangenen Kochwassers dazugießen, salzen, pfeffern, das Paprikapulver zufügen und mixen. Wenn eine cremige Masse entstanden ist, noch so viel vom Kochwasser zugießen, dass sie noch etwas dicklich fließt.

Den Spinat gründlich waschen, die Stängel abschneiden. Die Blätter kurz mit etwas Olivenöl in einem geschlossenen Topf dünsten, bis sie zusammengefallen sind. Auf ein Holzbrett legen und zerschneiden.

Zum Schluss die Sauce mit dem Spinat vermischen und die Kichererbsen einrühren. Im besten Fall ist es nun ein gleichmäßig vermischter Eintopf geworden. Alles noch einmal heiß werden lassen und abschmecken. In tiefen Tellern servieren.

Zutaten

350 g Kichererbsen
50 g altbackene Brötchen
2 Zwiebeln
2 Knoblauchzehen
1 gehäufter TL Paprikapulver
750 g frischer Spinat
Olivenöl, Salz, Pfeffer

Kichererbsensalat

Zutaten für eine Salatschüssel

300 g getrocknete Kichererbsen
10 cm Salatgurke
3 Tomaten
5 Frühlingszwiebeln
10 Rucolablätter
10 Basilikumblätter
10 Pfefferminzblätter
Zitronensaft, Olivenöl
Meersalz, schwarzer Pfeffer

Zubereitung

Die Kichererbsen über Nacht in viel kaltem Wasser einweichen, dann die Kichererbsen mit frischem kalten Wasser aufsetzen und aufkochen. Kurz vor dem Kochen das Wasser so salzen, dass es deutlich salzig schmeckt, dann die Kichererbsen etwa 45 Minuten köcheln lassen, bis sie weich, aber noch bissfest sind. Abgießen und mit kaltem Wasser abspülen.

In der Zwischenzeit die Kräuterblätter (Rucola, Basilikum, Pfefferminze) von den Stielen zupfen und in sehr feine Streifen schneiden. Von den geputzten Frühlingszwiebeln die Strünke abschneiden, dann das Weiße und etwas vom zarten Grün in feine Ringe schneiden, die Tomaten halbieren, entkernen und in feine Würfel schneiden, die Salatgurke schälen und ebenfalls entkernen und würfeln.

Alles zusammen mit den abgekühlten Kichererbsen vermischen, mit Meersalz, frisch gemahlenem Pfeffer, ein paar Tropfen Zitronensaft und etwas Olivenöl abschmecken

Gebratene Kichererbsenschnitten
mit Pfifferlingen

Zutaten für die Kichererbsenschnitten
300 g geröstetes Kichererbsenmehl
1 l Gemüsebrühe
2 Knoblauchzehen
2 Schnapsgläser Olivenöl
2 TL Zitronensaft
Butter
Salz, Pfeffer, Olivenöl

Für die Pfifferlinge
800 g frische Pfifferlinge
2 Zwiebeln
1 Knoblauchzehe
1 EL Butter
100 g Crème fraîche
2 EL fein gehackte Petersilie
1 Bund Schnittlauch
Salz, Pfeffer

Zubereitung
Die Gemüsebrühe aufkochen und kräftig salzen. Das Kichererbsenmehl in die heiße Brühe einrühren und erst dann wieder zum Kochen bringen. 5 Minuten leicht köcheln lassen, bis eine dicke Masse entstanden ist. Dann den durchgepressten Knoblauch, das Olivenöl und den Zitronensaft einrühren, salzen und pfeffern. In eine mit Olivenöl eingefettete Kastenform von 30 Zentimeter Länge umfüllen und kalt werden lassen.

Die Pfifferlinge gründlich mit viel kaltem Wasser waschen, abtropfen lassen, auf Sandreste und matschige Stellen untersuchen und diese wegschneiden. Große Pilze kleiner schneiden, sodass alle Stücke ungefähr gleich groß sind. Die Zwiebeln fein würfeln, mit der Butter in einer großen Pfanne andünsten, die Pfifferlinge dazugeben und so lange braten, bis sie Saft ziehen, dann salzen und pfeffern. Den durchgepressten Knoblauch zufügen, die Crème fraîche einrühren und offen köcheln, bis die Sauce leicht cremig ist. Petersilie und in Röllchen geschnittenen Schnittlauch zufügen, noch 2 Minuten weitergaren und warm halten.

Die gestockte Kichererbsenmasse auf ein Brett stürzen und 1 Zentimeter dicke Scheiben abschneiden. Die Scheiben in Olivenöl auf beiden Seiten braun anbraten und zusammen mit den Pfifferlingen servieren.

Kohlrabisuppe mit Basilikum

Zutaten

800 g Kohlrabi
3 Champignons
1 Zwiebel
50 g Butter
0,4 l Gemüsebrühe
(siehe Seite 56)
200 g Sahne
2 Eigelb
10 frische Basilikumblätter
Salz, weißer Pfeffer, Muskatnuss

Zubereitung

Die Kohlrabis schälen und in Stücke schneiden. Die geputzten Champignons würfeln und die Zwiebel in Streifen schneiden. Alles zusammen in der Butter andünsten, salzen, pfeffern, mit etwas Muskatnuss würzen und mit der Gemüsebrühe aufgießen. 20 Minuten köcheln lassen, bis die Kohlrabis richtig weich sind.

Dann die Sahne zugießen und die Suppe mit dem Pürierstab fein pürieren. Noch einmal sorgfältig abschmecken und durch ein Sieb gießen. Die Eigelbe verquirlen und in die Suppe rühren. Noch einmal erhitzen, bis die Suppe leicht bindet, aber nicht mehr aufkochen. In Suppenteller verteilen und mit dem in feine Streifen geschnittenen Basilikum garnieren.

Kohlrabigratin

Zubereitung

Schneiden Sie die kleinen Blätter von den Stielansätzen der Kohlrabis ab, waschen Sie sie kurz und schneiden Sie sie quer in dünne Streifen. Aber nur, wenn diese Blättchen frisch und grün sind (was sie eigentlich nur im Sommer sind), sonst muss es ohne gehen. Schälen Sie die Kohlrabis und hobeln Sie sie mit einem Gemüsehobel in etwa 3 Millimeter dicke Scheiben (oder mit dem Messer schneiden). Die Scheiben in einem Topf mit möglichst großem Durchmesser in der Butter andünsten, sorgfältig durchrühren, die Sahne angießen und noch einmal gut verrühren, damit sie nicht aneinander kleben bleiben. Alles mit Salz, Pfeffer und etwas frisch geriebener Muskatnuss abschmecken, die Kohlrabiblättchen dazugeben.

Das Gemüse im offenen Topf 5 Minuten lang bei niedriger Hitze dünsten, zwischendurch noch einmal durchrühren, dann etwas abkühlen lassen. Die Basilikumblätter quer in dünne Streifen schneiden und mit dem Kohlrabi vermischen.

Den Backofen auf 180 Grad vorheizen. Den Kohlrabi gleichmäßig in einer flachen Tarte- oder Auflaufform schichten und mit dem in sehr dünne Scheiben geschnittenen Mozzarella belegen. Das Gratin braucht ungefähr 30 Minuten. Sollte der Käse dann noch nicht braun sein, kann man zum Schluss kurz mit dem Grill nachhelfen.

Vollkornreis passt sehr gut dazu, aber auch jedes kurz gebratene Fleisch und Geflügel, sogar Fisch.

Zutaten

4 mittelgroße Kohlrabis (möglichst mit Blättern)
15 Basilikumblätter
50 g Butter
100 g Sahne
100 g Mozzarella
Salz, Pfeffer, Muskatnuss

Kopfsalat, geschmort

Zutaten für 2 – 3 Personen

2 mittelgroße Kopfsalate (Grüner Salat, Eichblatt, Lollo Rosso)
2 kleine Möhren
2 Frühlingszwiebeln
1 Knoblauchzehe
0,1 l Weißwein
1 Pf. Drillinge (sehr kleine neue Kartoffeln)
Meersalz, Pfeffer, Zucker, Olivenöl

Zubereitung

Zuerst entfernen Sie vom Salat alle äußeren Blätter, die nicht mehr frisch sind. Dann schneiden Sie alle weiteren Blätter ab, die noch relativ locker am Strunk hängen. Nicht entsorgen, Sie werden sie noch brauchen. Den inneren Kopf, also etwa zwei Drittel, spülen Sie vorsichtig, aber gründlich, mit kaltem Wasser ab, lassen ihn abtropfen und schneiden den Strunk sauber ab. Nun halbieren Sie den Kopf längs, aber so, dass die Blätter noch unten am Strunk hängen bleiben können, damit der Salat später beim Schmoren nicht auseinanderfällt. Die geputzten Frühlingszwiebeln und Möhren in sehr kleine Stücke schneiden, den Knoblauch fein hacken, alles in einer Kasserolle in etwas Olivenöl andünsten und mit dem Weißwein ablöschen. 5 Minuten dünsten lassen. Dann rühren Sie die gewaschenen und in Streifen geschnittenen (zu Beginn abgezupften) Salatblätter dazu, salzen, pfeffern und schmecken mit einer Prise Zucker ab. Die halbierten Salatköpfe legen Sie mit der Schnittfläche nach unten auf das Würzgemüse, legen den Deckel auf und lassen sie zugedeckt bei mittlerer Hitze knapp 10 Minuten schmoren.

Danach ist der Salat zusammengefallen und weich, aber die Rispen sind noch etwas bissfest, und so soll es auch sein. Noch einmal abschmecken und zusammen mit dem Würzgemüse und dem Sud zu den Drillingen servieren.

Die Drillinge mit Schale in deutlich gesalzenem Wasser weich kochen, das Wasser abgießen und die Drillinge längs halbieren. In Olivenöl kurz anbraten und nur mit körnigem Meersalz würzen.

Kürbis-Tarte

mit Blauschimmelkäse und Salbei

Zutaten für eine Tarteform von 28 cm Durchmesser

Für den Mürbeteig

300 g Mehl
½ TL Salz
1 gestrichener TL Backpulver
125 g Butter
1 Ei

Für den Belag

1 Pf. Butternut-Kürbis, geputzt und entkernt gewogen
100 g Sahne
3 Eier
150 g Crème fraîche
15 frische Salbeiblätter
150 g französischer Blauschimmelkäse (Bleu d'Auvergne, Fourme d'Ambert)
50 g geriebener Bergkäse
Salz, Pfeffer, Zitronensaft
Olivenöl

Zubereitung

Für den Mürbeteig die kalte Butter in kleine Würfel schneiden. Das Mehl mit dem Salz und dem Backpulver mischen, dann mit den Knethaken des Rührgeräts die Butterwürfel einrühren, bis Streusel entstehen. Jetzt das Ei dazugeben und weiterrühren, bis sich kurz darauf ein zusammenhängender Teig bildet. Wenn er nicht geschmeidig genug sein sollte, noch etwas kaltes Wasser einkneten. Den Teig mit den Händen schnell kurz und kräftig nachkneten, zu einer Kugel formen, in Klarsichtfolie wickeln und im Kühlschrank 30 Minuten ruhen lassen.

Dann den Mürbeteig ausrollen und die gebutterte Tarteform damit auslegen, im Kühlschrank kalt stellen.

Für den Belag den Kürbis schälen, in Stücke schneiden, salzen und mit der Sahne im geschlossenen Topf in etwa 30 Minuten weich kochen. Wie ein Kartoffelpüree stampfen und abkühlen lassen. Die grob zerschnittenen Salbeiblätter in etwas Olivenöl ganz kurz bei niedriger Hitze andünsten, mit Salz, Pfeffer und Zitronensaft abschmecken und etwas abkühlen lassen. Die Eier, die Crème fraîche und die Salbeiblätter unter den Kürbisstampf ziehen und alles auf dem Teigboden verteilen. Den Backofen auf 200 Grad vorheizen. Den Blauschimmelkäse in kleine Würfel schneiden und gleichmäßig auf der Füllung verteilen. Den Bergkäse drüberstreuen.

Die Tarte etwa 40 Minuten backen, 5 Minuten außerhalb des Ofens ruhen lassen und servieren.

Kürbisgemüse

Zubereitung

Den Kürbis längs vierteln. Die Kerne und das Weiche aus der Mitte herauskratzen, die Schale abschneiden. Den Kürbis auf einer Gemüsereibe grob raffeln. Die Zwiebeln längs halbieren und quer in dünne Streifen schneiden, den Knoblauch fein hacken

Die Zwiebeln in Butter zusammen mit dem Knoblauch andünsten, den Kürbis einrühren, noch etwas weiterdünsten und schließlich mit Salz, Pfeffer, etwas Zitronensaft und dem Paprikapulver würzen. Zum Schluss mit Sahne ablöschen und alles im geschlossenen Topf etwa 10 Minuten leicht köcheln, vielleicht muss zwischendurch noch etwas Wasser dazu, aber nur so wenig wie möglich. Wenn die Kürbisstücke weich, aber noch bissfest sind und die Flüssigkeit im Topf reduziert und leicht cremig ist, ist das Kürbisgemüse fertig. Wenn Sie beim Servieren noch etwas Pecorino drüberstreuen, wird es noch etwas würziger.

Zutaten

1 Hokkaido-Kürbis oder ein anderer Speisekürbis von ca. 1 kg (man braucht etwa 750 g reines Kürbisfleisch)

3 Zwiebeln

2 Knoblauchzehen

100 g Sahne

1 EL edelsüßes Paprikapulver

Salz, Pfeffer, Zitronensaft, Butter

Geriebener Pecorino

L

LAUCH

LINSEN

Lauchgemüse mit pochierten Eiern

Zutaten für 2 Personen

3 dicke Stangen Lauch
2 EL Sahne
2 EL Butter
Salz, Pfeffer, Cayennepfeffer, Zitronensaft
4 sehr frische Eier, Größe L
4 EL Essig

Zubereitung

Putzen Sie den Lauch so, dass möglichst wenig davon verloren geht – Sie brauchen auch vom Grünen so viel wie möglich. Dann gründlich waschen, das Weiße und auch alle grünen Teile längs halbieren und anschließend alles quer in etwa 1 Zentimeter breite Streifen schneiden.

Zuerst die Hälfte des Lauchs in einer tiefen Pfanne oder einem flachen Topf mit 1 Esslöffel Butter bei mittlerer Hitze andünsten, und sobald der Lauch in sich zusammengesackt ist, die zweite Hälfte mit der restlichen Butter hineingeben und alles zusammen 5 Minuten lang offen weiterdünsten, salzen und pfeffern. Die Sahne dazugießen und den Lauch noch weitere 5 Minuten dünsten. Er ist fertig, wenn er gar und weich ist, aber auch noch etwas Biss hat. Mit ein paar Tropfen Zitronensaft und einer Prise Cayennepfeffer abschmecken, noch einmal durchmischen, fertig.

Für die Eier 1 Liter Wasser aufkochen, den Essig dazugeben und ordentlich salzen. Jetzt die Eier in jeweils eine Tasse aufschlagen und vorsichtig einzeln in das kochende Wasser gleiten lassen. Das Wasser nicht mehr zum Kochen bringen, sondern die Eier 4 Minuten ziehen lassen, dann ist das Weiße fest und das Eigelb noch weich.

Das Lauchgemüse auf Teller verteilen. Die pochierten Eier vorsichtig mit der Schaumkelle aus dem Wasser heben und auf den Lauch setzen. Mit Pfeffer aus der Mühle bestreuen und sofort servieren.

Dazu passt getoastetes Roggenbrot genauso gut wie frische Pellkartoffeln mit Butter.

Wenn Sie kurz vor Schluss noch etwa 20 g frisch geriebenen Ingwer unter den Lauch rühren, kommt noch seine fruchtige Schärfe dazu, was hervorragend zum Cayennepfeffer und zur Zitrone passt.

WDR 2
EINFACH GOTE

Gefüllte Omeletts

mit mariniertem Lauch

Zutaten für 2 Personen

6 Eier

2 Stangen Lauch

5 EL Sonnenblumenöl

2 EL Weißweinessig

Salz, Pfeffer, Butter

Zubereitung

Den Lauch waschen und putzen. Soweit wie möglich die Stangen ganz lassen, vom Grün die äußeren Blätter entsorgen und nur die hellgrünen und gelbgrünen Teile verwenden. Diese in dünne Streifen schneiden und in etwas Butter 5 Minuten dünsten, dabei salzen und pfeffern. Die Stangen selbst knapp 10 Minuten in gesalzenem Wasser leicht köcheln, mit einem Küchenmesser prüfen, ob sie durchgehend weich sind. Öl und Essig mit etwas Salz und Pfeffer vermischen.

Für die Omeletts die Eier mit einer Gabel so verquirlen, dass Eiweiß und Eigelb sich nicht ganz miteinander verbinden, salzen und pfeffern.

Die heißen Lauchstangen quer in dünne Ringe schneiden und in einer Schüssel mit der Vinaigrette übergießen.

Für die Omeletts die Pfanne mit etwas Butter erhitzen, die Hälfte der verquirlten Eier darin verteilen und das Omelett so lange braten, bis es unten stockt, aber oben noch leicht cremig ist. Auf einen Teller gleiten lassen, das heiße Lauchgrün auf einer Hälfte verteilen und den lauwarmen, marinierten Lauch darauflegen, das Omelett zusammenklappen. Beim zweiten Omelett genauso vorgehen.

Fava (griechisches Püree aus gelben Linsen)

Zutaten

250 g getrocknete gelbe,
geschälte Linsen (ersatzweise gelbe Platterbsen)
2 Knoblauchzehen
4 Frühlingszwiebeln
Olivenöl, Salz

Dies ist eine sehr einfache Vorspeise, die zeigt, wie puristisch in der griechischen Küche ganz bodenständige Produkte sehr interessant zubereitet werden.

Zubereitung

Die Linsen über Nacht in reichlich kaltem Wasser einweichen. Am nächsten Tag das Einweichwasser abgießen und die Linsen mit so viel frischem Wasser aufsetzen, dass es etwa 2 Zentimeter über den Linsen steht. Die beiden geschälten Knoblauchzehen im Ganzen zufügen, alles aufkochen, ordentlich salzen und die Linsen rund 1 Stunde lang offen köcheln, bis sie richtig weich sind. Die geputzten Frühlingszwiebeln, auch das Grün, in sehr feine Ringe schneiden.

Das Kochwasser durch ein Sieb abgießen, aber auffangen, die Knoblauchzehen entfernen. Die Linsen noch warm mit 3 Esslöffel Olivenöl im Mixer pürieren. Wenn das Püree zu fest sein sollte, noch etwas Kochwasser einrühren. Das Püree sollte zwar dick, aber eben auch geschmeidig sein. Zum Servieren die Fava noch einmal richtig erhitzen und auf Tellern oder flachen Schüsselchen anrichten. Etwas Olivenöl darübergießen und Frühlingszwiebelringe darauf verteilen.

Einfach mit frischem Baguette oder als Beilage zu Fisch und Grillfleisch servieren.

Eigentlich bin ich strikt dagegen, für vegetarische Gerichte Bezeichnungen zu verwenden, die normalerweise Fleischgerichte sind. Schon deswegen, weil das immer irgendwie so aussieht, als wolle man nur das Fleisch ersetzen. Wie Gemüse generell schmecken auch Hülsenfrüchte so gut, dass sie nicht zum Ersatz degradiert werden sollten. In diesem Fall fand ich aber die Wortschöpfung so originell und habe damit bei WDR 2 Tausende von Hörern neugierig gemacht, die das Rezept anklickten. Deswegen heißt die Pastasauce also nun auch hier:

Linsenbolognese

Zutaten

250 g rote Linsen
2 Zwiebeln
2 Knoblauchzehen
2 Stangen Stangensellerie
1 große Möhre
0,4 l Gemüsebrühe (siehe Seite 56)
0,2 l Wasser
1 EL Tomatenmark
Olivenöl
Salz, Pfeffer

Außerdem
500 g Farfalle oder andere kurze Nudeln

Zubereitung

Weil rote Linsen geschält sind, müssen sie nicht eingeweicht werden. Das Gemüse schälen, waschen, putzen und im Mixer relativ fein hacken. Dann das Gemüse in etwas Olivenöl andünsten, salzen und pfeffern, die Linsen einrühren und mit der Gemüsebrühe und dem Wasser aufgießen, zum Schluss das Tomatenmark zufügen. Alles zusammen etwa 20 Minuten köcheln, dann sind die Linsen weich, haben aber noch etwas Biss. Noch einmal abschmecken.

Die Nudeln al dente kochen, kurz mit heißem Wasser abspülen und mit der Linsenbolognese mischen. Zusammen noch einmal richtig heiß werden lassen und servieren.

Rote Linsensuppe
mit Auberginen und Minze

Zubereitung

Die Zwiebeln fein hacken und in etwas Olivenöl glasig dünsten. Den Kreuzkümmel und die Linsen einrühren. Mit der Brühe und ½ Liter Wasser ablöschen und aufkochen, salzen und pfeffern. Vielleicht müssen Sie noch etwas mehr Flüssigkeit dazugießen – sie sollte etwa 2 Zentimeter über den Linsen stehen. Die Suppe etwa 40 Minuten sanft köcheln, bis die Linsen zerfallen. Mit etwas Zitronensaft, Salz und Pfeffer abschmecken.

In der Zwischenzeit die Auberginen in etwas größere Würfel schneiden und salzen. 30 Minuten ziehen lassen, mit Wasser abspülen, fest mit den Händen ausdrücken und mit Küchenkrepp trocken tupfen.

Die Würfel von allen Seiten in Olivenöl goldbraun anbraten, dabei salzen und pfeffern. 5 Minuten offen dünsten, erneut salzen und pfeffern. Den gehackten Knoblauch und die in dünne Streifen geschnittenen Pfefferminzblätter kurz mitdünsten.

Zum Servieren die Auberginenwürfel in die Mitte der gefüllten Suppenteller legen.

Zutaten für 4 – 6 Personen

2 Zwiebeln
400 g rote Linsen
1 gehäufter TL Kreuzkümmelpulver
0,7 l Gemüsebrühe
1 Pf. Auberginen
2 Knoblauchzehen
ca. 10 Blätter frische Pfefferminze
Olivenöl, Zitronensaft
Salz, Pfeffer

Linsengratin mit Lauch

Zutaten

250 g kleine schwarze oder grüne Linsen (im Reformhaus oder Bioladen erhältlich)
3 Stangen Lauch
100 g Sonnenblumenkerne
100 g Crème fraîche
100 g Greyerzer
Paprikapulver, Curry, Salz, Pfeffer, Butter

Zubereitung

Etwa 2 Liter Wasser zum Kochen bringen und kräftig salzen. Die Linsen hineinschütten und 2 Minuten sprudelnd kochen, durch ein Sieb abgießen und mit kaltem Wasser abspülen. Dann die Linsen in den Topf zurückschütten und mit so viel Wasser auffüllen, dass es etwa 3 Zentimeter hoch über den Linsen steht. Wieder zum Kochen bringen und sofort salzen. Die Linsen müssen etwa 30 Minuten köcheln, bis sie gar, aber nicht zu weich sind. Erneut abgießen und abspülen.

In der Zwischenzeit die Sonnenblumenkerne in einer Pfanne ohne Fett bei mittlerer Hitze vorsichtig goldgelb rösten. Den Lauch putzen und waschen, dann längs halbieren und quer in feine Streifen schneiden, in einem großen Topf die Streifen in 1 Esslöffel Butter andünsten. Nach 5 Minuten die Crème fraîche einrühren, alles mit Salz, Pfeffer, Paprikapulver und einer Prise Curry abschmecken, die Linsen und die Hälfte der Sonnenblumenkerne dazugeben und alles sorgfältig miteinander vermischen. Noch einmal herzhaft abschmecken und das Gemüse in eine feuerfeste Form umfüllen. Die restlichen Sonnenblumenkerne darauf verteilen, den Greyerzer reiben und drüberstreuen.

Das Ganze bei 180 Grad im Backofen etwa 30 Minuten gratinieren, bis der Käse zerlaufen und gebräunt ist.

Schwarze Linsen

mit Schafskäse und roten Zwiebeln

Zutaten für 2 – 3 Personen

200 g kleine schwarze oder grüne Linsen
100 g rote Zwiebeln
250 g Chinakohl, geputzt gewogen
150 g Schafskäse
2 EL fein gehackte Petersilie
Salz, Pfeffer
Olivenöl, Apfelbalsamico-Essig

Bei kleinen schwarzen oder grünen Linsen handelt es sich um Sorten, die aromatischer sind als die braune »Suppen«-Linse. In Frankreich werden sie oft als Gemüsebeilage oder eben auch als Salat zubereitet. Sie müssen nicht eingeweicht werden und schmecken am besten, wenn sie noch etwas Biss haben.

Zubereitung

Die Linsen mit 1 Liter Wasser und ordentlich Salz aufkochen. Die Hitze reduzieren und die Linsen offen etwa 30 Minuten köcheln, dann sind sie meistens genau richtig. Wenn Sie Ihnen noch nicht weich genug sind, lassen Sie sie einfach 5 Minuten länger köcheln. Anschließend in einem Sieb mit kaltem Wasser abschrecken und abtropfen lassen.

Die Zwiebeln längs in drei Stücke und quer in Streifen, den Chinakohl in mundgerechte Stücke schneiden. Beides etwa 5 Minuten bei mittlerer Hitze in etwas Olivenöl dünsten, dabei salzen und pfeffern. Alles zusammen mit der Petersilie unter die kalten Linsen mischen und noch einmal mit Olivenöl, Salz, Pfeffer und Balsamico-Essig abschmecken. Den Schafskäse in kleine Würfel schneiden und mit den Linsen vermischen. Bei Zimmertemperatur servieren.

M

MANIOK

Maniokkuchen

Eine der beiden Süßigkeiten in diesem Buch – sehr ungewöhnlich, aber unbedingt einen Versuch wert und von leuchtend gelber Farbe wie die Sonne Brasiliens, wo dieser Kuchen zu Hause ist.

Zutaten für eine Springform von 26 cm Durchmesser

1 kg Maniok
100 g Butter
300 g Zucker
3 Eigelb
3 Eier
150 g Kokosflocken (getrocknet)
0,2 l Kokosmilch
100 g Mehl
1 Päckchen Backpulver
½ TL Salz
Saft von ½ Zitrone

Zubereitung

Die Maniokwurzeln lassen sich mit einem stabilen Küchenmesser bequem und einfach abschälen, nachdem Sie sie oben und unten jeweils knapp abgeschnitten haben. Dann reiben Sie den Maniok auf der Kartoffelreibe (oder mit der Maschine) wie Kartoffeln und wringen die Raspel in einem Küchenhandtuch so gut wie möglich mit den Händen aus, damit die Flüssigkeit ablaufen kann, und dann haben Sie die meiste Arbeit schon hinter sich.

Jetzt rühren Sie die weiche Butter mit dem Zucker schaumig, und geben dann nacheinander die Eigelbe und die ganzen Eier hinein. Anschließend folgen Salz, Kokosmilch und Zitronensaft sowie die Kokosflocken und schließlich das mit dem Backpulver vermischte Mehl. Die Masse kann wegen der Struktur des Maniok und der Kokosflocken etwas »krisselig« wirken, das ist aber kein Problem. Jetzt lassen Sie die Teigmasse etwa 15 Minuten lang quellen.

In der Zeit buttern Sie eine Springform sorgfältig aus und bestäuben sie mit Mehl. Verteilen Sie die Teigmasse darin, nachdem Sie sie noch einmal gründlich durchgerührt haben. Der Maniokkuchen braucht ungefähr 60 Minuten im auf 200 Grad vorgeheizten Backofen, bis er goldbraun und damit fertig ist.

Maniok-Pommes

Zubereitung

Die Maniokwurzeln lassen sich mit einem stabilen Küchenmesser bequem und einfach abschälen, nachdem Sie die Enden (und evtl. den Stiel) jeweils knapp abgeschnitten haben. Dann noch einmal waschen und die Wurzel in Stücke von etwa der Größe von mittelgroßen Kartoffeln schneiden. In reichlich Wasser, das gut gesalzen ist, weich kochen, das dauert etwa 25 bis 30 Minuten. Das Kochwasser abgießen und den Maniok ganz abkühlen lassen.

Den kalten Maniok wiederum in pommesähnliche Stücke schneiden, aber mindestens doppelt so dick und nur etwa 5 Zentimeter lang, dann salzen. So viel Pflanzenöl in eine Pfanne gießen, dass es etwa 1 Zentimeter hoch darin steht. Sehr heiß werden lassen und nur so viele Maniokstäbchen in die Pfanne geben, dass alle den Boden berühren können. In etwa 5 Minuten bei großer Hitze von allen Seiten goldbraun anbraten, aus der Pfanne nehmen und noch etwas nachsalzen.

Geht als Snack wie Pommes mit Mayo, aber auch zu jeder Art von Gemüse und Salat.

Zutaten

1 kg Maniok
Pflanzenöl, Salz

Manchmal beobachte ich sehr vergnügt, wie viele Pommes-Liebhaber schon versucht haben, zu Hause die perfekten Pommes hinzubekommen. Selbst wenn es gelingen sollte, ist mir das nur für »Pommes« eindeutig zu viel Aufwand, solange ich noch weiß, in welcher Edel-Imbiss-Bude ich sie für wenig Geld bekomme. Viel einfacher geht es zu Hause allerdings mit Maniok. Für die lasse ich alle hausgemachten Kartoffel-Pommes problemlos liegen.

P

PAPRIKA

PASTINAKEN

PFIFFERLINGE

Paprika mit Spiegeleiern

Zutaten für 2 Personen

2 grüne Paprikaschoten
1 Zwiebel
1 kleine Dose Tomaten
1 gehäufter TL Paprikapulver
1 Prise Chilipulver
4 Eier
Olivenöl, Salz, Pfeffer

Zubereitung

Die Paprikaschoten waschen, längs halbieren, den Strunk abschneiden und die Kerne entfernen. Die Hälften noch einmal längs halbieren und dann quer in Streifen schneiden. Die Zwiebel schälen, längs vierteln und ebenfalls quer in feine Streifen schneiden. Die Dosentomaten klein hacken.

Dann die Zwiebeln und Paprikastreifen in einer großen Pfanne in etwas Olivenöl bei mittlerer Hitze dünsten, salzen, pfeffern und mit dem Paprikapulver und Chili würzen. Die Tomatenstücke mit maximal der Hälfte ihres Safts einrühren, alles 5 Minuten offen köcheln. Jetzt die Eier wie Spiegeleier über dem Gemüse aufschlagen, die Pfanne mit einem Deckel abdecken und die Eier in 5 Minuten stocken lassen.

Vorsichtig mit Salz und Pfeffer nachwürzen und sofort servieren. Dazu passt natürlich am besten türkisches Fladenbrot. Mit Basmatireis wird es ein vollständiges Gericht.

Piperade

Es müssten nicht unbedingt rote und gelbe Paprika sein, doch es sind schließlich die Symbolfarben des Baskenlandes, aus dessen französischem Teil dieses Traditionsgericht stammt.

Zutaten

2 gelbe Paprikaschoten
2 rote Paprikaschoten
8 Tomaten
3 Zwiebeln
4 Knoblauchzehen
2 EL Olivenöl
Salz, Pfeffer, scharfes Paprikapulver

Zubereitung

Die Paprikaschoten längs halbieren, den Strunk abschneiden und die Kerne herausnehmen, dann quer in Streifen schneiden. Die Zwiebeln schälen und längs achteln, die Tomaten ebenfalls achteln, den Knoblauch fein hacken.

Die Zwiebeln und den Knoblauch im Olivenöl glasig andünsten, anschließend die Paprika kurz mitdünsten und zum Schluss die Tomaten einrühren. Salzen, pfeffern und pikant mit dem Paprikapulver abschmecken.

Alles zusammen bei niedriger Hitze und geschlossenem Topf 30 Minuten schmoren. Danach den Deckel abnehmen und weiterköcheln, bis die Flüssigkeit fast vollständig verdunstet ist. Am besten schmeckt die Piperade zusammen mit einem Omelett und frischem Baguette.

Glasierte Pastinaken

Zutaten

800 g Pastinaken

1 Bund Schnittlauch

1 EL Butter

Salz, Pfeffer, Zitronensaft

Zubereitung

Zuerst schälen Sie die Pastinaken wie Möhren und schneiden das obere Ende ab. Dann schneiden Sie die Pastinaken in pommes-frites-ähnliche Stücke von etwa 5 Zentimeter Länge und etwa 5 Millimeter Dicke und Breite und dünsten sie kurz in Butter an. Dabei so lange rühren, bis alle Stücke gleichmäßig dünn mit der Butter überzogen sind. Salzen und pfeffern Sie die Pastinaken und gießen Sie etwa 0,1 Liter Wasser dazu. Den Deckel auflegen und die Pastinaken bei mittlerer Hitze etwa 10 Minuten lang vor sich hin köcheln lassen, währenddessen gelegentlich umrühren, damit sie gleichmäßig garen. Wenn der Deckel nicht besonders dicht ist oder Sie die Pastinaken zu heftig kochen lassen, müssen Sie zwischendurch vielleicht noch etwas Wasser angießen. Jedenfalls sollte nie viel Wasser im Topf sein, damit die Pastinaken so wenig Geschmack wie möglich abgeben.

Wenn die Pastinaken schon etwas weich, aber noch bissfest sind, lassen Sie sie im offenen Topf weiterköcheln, bis das Wasser vollständig verdampft ist. Das dauert vielleicht noch einmal 5 Minuten, dann sollten sie weich sein und schön glänzen. Jetzt runden Sie den Geschmack noch einmal mit etwas Salz und Zitronensaft ab und mischen den in Röllchen geschnittenen Schnittlauch unter.

Glasierte Pastinaken passen zu allen deftigen Schmorgerichten, wegen ihres leicht süßlichen Geschmacks aber besonders zu Wild.

Semmelknödel mit Pfifferlingen

Zutaten für 8 Semmelknödel

Für die Semmelknödel

5 Brötchen vom Vortag
2 EL Butter
2 EL fein gehackte Petersilie
3 Eier
0,3 l Milch
3 EL Mehl
Muskatnuss, Salz, Pfeffer

Für die Sauce

800 g frische Pfifferlinge
1 Zwiebel
1 EL Butter
400 g Sahne
1 Bund Schnittlauch
Salz, Pfeffer, Zitronensaft

Zubereitung

Die Brötchen in kleine Würfel von etwa 1 Zentimeter Kantenlänge schneiden, anschließend in zwei Durchgängen in der Butter goldgelb und leicht knusprig anbraten – aber Vorsicht, sie brennen schnell an. Die Würfel in eine Schüssel umfüllen, die gehackte Petersilie drüberstreuen, salzen, pfeffern, eine ordentliche Prise Muskatnuss dazugeben und schließlich die Eier darüberschlagen. Dann die Milch darübergießen und alles mit einem Kochlöffel kräftig verrühren.

Jetzt sollten Sie wirklich sorgfältig und geduldig weiter vorgehen, weil sich nun entscheidet, ob die Knödel später locker bleiben und trotzdem beim Kochen nicht auseinanderfallen. Lassen Sie die Masse etwa 20 Minuten einweichen, rühren Sie noch einmal kräftig durch und kneten Sie anschließend mit den Händen nach – die Masse muss durchgehend weich sein. Dann arbeiten Sie das Mehl ein und lassen alles noch einmal 10 Minuten stehen. Formen Sie mit nassen Händen aus der Semmelmasse knapp tennisballgroße Knödel und lassen Sie sie sofort in kochendes Salzwasser gleiten. Nutzen Sie einen tiefen Topf, in den die Knödel alle nebeneinander passen, andernfalls kochen Sie sie in zwei Portionen. Das Wasser sollte nur noch leicht sieden. Nach etwa 20 Minuten sind die Knödel fest. Wenn Sie zu viel Bammel haben, dass sie auseinanderfallen, kochen Sie einen Probe-Knödel (wenn Knödel auseinanderfallen, dann sofort am Anfang – arbeiten Sie dann noch 1 Esslöffel Mehl in den Teig ein).

Für die Sauce die Pfifferlinge gründlich mit viel kaltem Wasser waschen, abtropfen lassen und Sandreste und matschige Stellen wegschneiden. Große Pilze kleiner schneiden, sodass alle Stücke ungefähr gleich groß sind. Die Zwiebel fein würfeln und in der Butter andünsten, die Pfifferlinge dazugeben und so lange braten, bis sie Saft ziehen, dann salzen und pfeffern. Die Sahne dazugießen und alles offen köcheln, bis die Sauce leicht cremig ist. Den Schnittlauch in feine Röllchen schneiden und erst ganz zum Schluss unterziehen, dann die Sauce noch einmal – auch mit etwas Zitronensaft – abschmecken.

Die Klöße auf dem Teller vierteln und die Pilzsauce darübergießen.

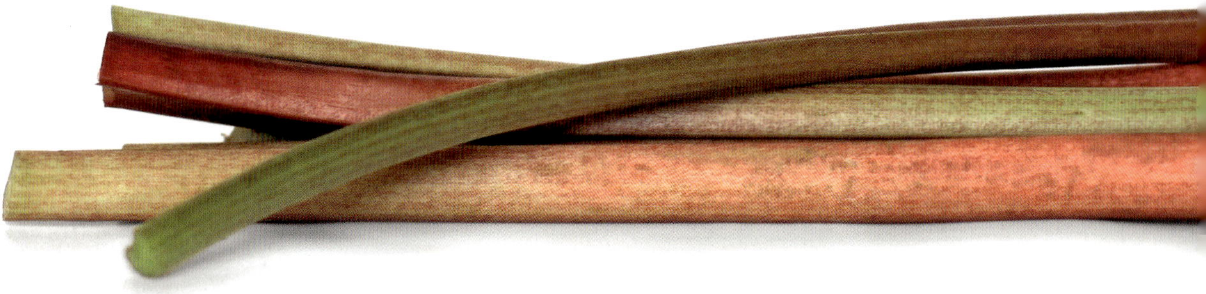

R

RADICCHIO

REIS

RETTICH

RHABARBER

ROMANA

ROSENKOHL

ROTE BETE

RÜBSTIEL

Radicchio

mit Gorgonzola-Dressing und Fourme d'Ambert

Dieser dunkelrote Salat ist ein absoluter Hingucker auf Buffets und funktioniert super als erfrischende Beilage zu Käseplatten oder als »Käsegang« vor dem Dessert …

Zutaten

2 Köpfe Radicchio
1 Ei
50 ml Sonnenblumenöl
50 g Sahne
50 g Gorgonzola
100 g Fourme d'Ambert (franz. Blauschimmelkäse)
Salz, Pfeffer, Rotweinessig, scharfer Senf, Zucker

Zubereitung

Für die Vinaigrette brauchen Sie einen Mixstab, dann geht das ganz schnell. Nehmen Sie einen Mixbecher, dessen Durchmesser nicht mehr als etwa 8 Zentimeter haben sollte, und geben Sie alle Zutaten in dieser Reihenfolge hinein: Zuerst das Ei, dann ½ Teelöffel scharfer Senf, 1 Teelöffel Rotweinessig, Salz, Pfeffer, eine Prise Zucker, Sonnenblumenöl, Sahne und ganz zum Schluss den in kleine Stücke geschnittenen Gorgonzola.

Setzen Sie den Mixstab auf den Boden des Mixbechers, lassen Sie ihn (ohne zu bewegen) für 10 Sekunden auf höchster Geschwindigkeit mixen und ziehen ihn dann langsam nach oben, dabei sehen Sie schon, wie sich eine Mayonnaise bildet. Die wird aber nicht richtig dick, sondern eher cremig und fließt auch noch gut. Mixen Sie noch ein bisschen weiter, bis sich der Käse aufgelöst hat, und schmecken Sie die Vinaigrette final ab.

Von den Radicchio-Köpfen nehmen Sie die äußeren Blätter ab – alle anderen sind praktischerweise schon verarbeitungsfertig. Schneiden Sie den Wurzelansatz weg und zupfen Sie die Blätter einzeln ab, die größeren schneiden Sie noch einmal durch. Mischen Sie die Blätter sorgfältig mit der Vinaigrette – gießen Sie nicht sofort alles auf einmal darüber, es sollte nicht zu viel in dem Salat sein, die Blätter sollten vielmehr gerade mal von einem dünnen Film überzogen sein.
Vor dem Servieren mit dem in Stücke geschnittenen Fourme d'Ambert bestreuen.

Pilaw-Reis
als Basisrezept zum Ausprobieren von Gewürzen

Die Basis geht immer so:

Reis nach der Pilaw-Methode zu kochen eignet sich sehr gut dazu, dem Geschmack getrockneter Gewürze auf die Spur zu kommen. Der neutral schmeckende Reis und seine körnige Struktur fördern die Wahrnehmung der Aromen bestens.

Zutaten
200 g Basmatireis
1 Zwiebel
0,4 l Wasser
Salz, Butter

Gewürzmengen
Bei gemahlenem Curry, Koriander, Fenchel, Kreuzkümmel, getrocknetem Rosmarin oder geräuchertem Paprikapulver: je 1 gehäufter TL
Bei gemahlener Nelke, Piment, Kardamom: je ½ TL
Bei getrockneten Kaffirlimettenblättern oder Lorbeer: je 5 Blätter

Zubereitung
Die Zwiebel fein würfeln und in etwas Butter glasig dünsten. Den Reis einrühren und bei mittlerer Hitze unter ständigem Rühren braten, bis die Körner gleichmäßig vom Fett überzogen sind. Etwas Salz und das jeweilige Gewürz zufügen. Kurz in den Reis rühren und sofort mit dem Wasser ablöschen. Zum Kochen bringen, herzhaft salzen und im geschlossenen Topf simmern lassen, bis der Reis die Flüssigkeit aufgesogen hat. 10 weitere Minuten quellen lassen. Vor dem Servieren noch 1 Esslöffel Butter unterziehen und servieren.

Harissa-Pilaw

Harissa ist eine marokkanische Gewürzmischung, deren wesentliche Gewürzanteile hier einzeln verwendet werden. Ein sehr attraktives Beispiel dafür, wie Reis nach dieser Art mit verschiedenen Gewürzen, Aromen und nussiger Süße harmoniert.

Zutaten

250 g Basmatireis
50 g Butter
6 Frühlingszwiebeln
2 Knoblauchzehen
1 kleine Chilischote, getrocknet
50 g Korinthen
50 g Pinienkerne
1 TL Kreuzkümmel, gemahlen
1 TL Koriandersamen, gemahlen
½ TL Piment, gemahlen
½ l Wasser
1 kleines Bund frischer Dill
Salz

Zubereitung

Die geputzten Frühlingszwiebeln mit dem Grün in kleine Würfel schneiden, den Knoblauch fein hacken. Die Chilischote aufschneiden und entkernen. Alle drei Zutaten in einem Topf in der Butter glasig dünsten, salzen und pfeffern. Dann die Korinthen, die Pinienkerne und den Reis einrühren und kurz mitdünsten. Jetzt die Gewürze dazugeben, kurz mitrösten und danach alles mit dem Wasser aufgießen, noch etwas salzen und den Reis im geschlossenen Topf bei sehr geringer Hitze garen, bis die Flüssigkeit aufgesogen ist. Das dauert etwa 10 Minuten. Den Herd ausstellen und den Reis noch etwa 10 Minuten im geschlossenen Topf quellen lassen.

Die Dillspitzen von den dicken Stängeln abschneiden und fein hacken. Zum Abschluss den Dill und noch 1 Esslöffel Butter mit dem Reis vermischen.

Der Pilaw lässt sich gut warm halten oder wieder aufwärmen, am besten schmeckt er mittelwarm und als Beilage zu Gemüse, Grillfleisch und Geflügel.

Risotto mit Staudensellerie

Natürlich darf unter der Rubrik Reis der uritalienische Klassiker nicht fehlen, der mit vielen Gemüsesorten funktioniert. Hier am Beispiel von Staudensellerie, den die Italiener weit mehr lieben als die Deutschen.

Zutaten für 2 – 3 Personen

350 g Staudensellerie geputzt gewogen
1 Zwiebel
1 Knoblauchzehe
ca. 1 l Gemüsebrühe (siehe Seite 56)
250 g Risotto-Reis (Vialone Nano, Arborio, Carnaroli)
50 g geriebener Parmesan
50 g Butter
Muskatnuss, Salz, Pfeffer, Olivenöl

Zubereitung

Die Selleriestangen in kleine Stücke schneiden. Die Zwiebel fein würfeln, die Knoblauchzehe schälen.

Die Brühe in einem separaten Topf aufkochen, ordentlich salzen. Die Zwiebelwürfel und die Selleriestücke in 2 Esslöffel Olivenöl glasig andünsten, den Knoblauch dazupressen und anschließend den Reis einrühren. Nach 2 Minuten und ständigem Rühren ist der Reis vom Öl überzogen, dann salzen und pfeffern. Lassen Sie alles bei mittlerer Hitze dünsten, bis der Reis etwas am Topfboden ansetzt und dann erst gießen Sie ein Drittel der sehr heißen Brühe dazu. Verrühren und den Reis ganz sachte köcheln lassen, dabei regelmäßig umrühren. Wenn die Flüssigkeit aufgesogen ist, gießen Sie das zweite Drittel Wasser nach und verfahren so wie beschrieben weiter bis zum Schluss – nach rund 25 Minuten ist der Reis normalerweise gar. Wenn der Risotto nun dickflüssig und cremig ist, war alles richtig.

Zum Schluss den Parmesan und die Butter einrühren, noch einmal – auch mit etwas Muskatnuss – abschmecken und sofort servieren.

Reisblumensuppe
mit geräuchertem Tofu

Reisblumen gibt es nicht, aber in der blumigen Sprache der Vietnamesen heißt diese Suppe deshalb so, weil die Reiskörner durch das lange Kochen ähnlich wie Blumenknospen aufplatzen.

Zutaten für 2 Personen

100 g Basmatireis
1 l Wasser
20 g frischer Ingwer
3 Frühlingszwiebeln
100 g Räuchertofu
ca. 1 EL Worcestersauce
Meersalz, Pflanzenöl

Zubereitung

Den Reis mit dem Wasser und etwas Meersalz aufkochen, dann bei sehr niedriger Hitze so lange ganz leicht köcheln, bis die Reiskörner ähnlich wie Blumenknospen aufgegangen sind. Das dauert ungefähr 35 Minuten. Möglicherweise müssen Sie noch etwas Wasser nachgießen, damit das Ganze suppig bleibt.

Die geputzten Frühlingszwiebeln in sehr feine Ringe schneiden, den geschälten Ingwer in sehr dünne Scheibchen schneiden oder hobeln.

Den Tofu in kleine Würfel schneiden und in Pflanzenöl von allen Seiten kurz anbraten, dabei etwas salzen.

Die Frühlingszwiebeln und den Ingwer in die Suppe rühren, alles noch einmal richtig heiß werden lassen, mit der Worcestersauce abschmecken. Zum Servieren die Tofuwürfel über die Suppe streuen.

Marinierter Rettich

Zubereitung

Den Rettich schälen, längs halbieren und auf dem Gemüsehobel in Scheiben hobeln. Gründlich mit Meersalz und Zucker vermischen und 30 Minuten ziehen lassen. Den Ingwer schälen, grob reiben und mit einer Prise Salz in die Buttermilch geben, ebenfalls 30 Minuten ziehen lassen. Nun das angesammelte Wasser vom Rettich abgießen und den Rettich mit den Händen ausdrücken. Die Buttermilch durch ein Sieb über den Rettich gießen, vermischen und noch einmal 30 Minuten ziehen lassen. Den Szechuanpfeffer fein mörsern, den Rettich damit würzen und servieren.

Wenn Schnittlauch im Hause ist, nun die fein geschnittenen Röllchen über den Salat streuen.

Zutaten

1 Pf. weißer Rettich
1 TL Meersalz
½ TL Zucker
3 cm frischer Ingwer
0,1 l Buttermilch
½ TL Szechuanpfeffer (ersatzweise frisch gemahlener schwarzer Pfeffer)
Evtl. 1 Bund Schnittlauch

Rhabarberkuchen

Zutaten für eine Tarteform oder Springform von 26 cm Durchmesser

Für den Mürbeteig

300 g Mehl
1 gestrichener TL Backpulver
½ TL Salz
50 g Zucker
150 g kalte Butter
1 Ei
etwas kaltes Wasser

Für die Füllung

1 Pf. Rhabarber, geputzt gewogen
50 g geriebene Mandeln
1 gehäufter EL Vanillezucker
100 g Zucker
30 g Mehl
3 Eier
0,15 l Milch
150 g Sahne

Rhabarber ist ein Gemüse, das man meistens wie Obst verwendet. Und da ein Kuchen wie dieser eine der wenigen Möglichkeiten ist, mit Gemüse einen Kuchen zu backen, kommt hier das passende Rezept für den Frühsommer, wenn der Rhabarber für kurze Zeit Saison hat.

Zubereitung

Für den Mürbeteig das Mehl mit Backpulver, Salz und Zucker vermischen. Die kalte Butter in kleine Würfel schneiden und mit beiden Händen in der Mehlmischung schnell »verreiben«, bis Streusel entstehen. Das Ei zufügen und nun mit den Knethaken des Rührgeräts alles zu einem homogenen Teig kneten, vielleicht muss noch etwas kaltes Wasser dazu. Den Teig in Frischhaltefolie einwickeln und 1 Stunde im Kühlschrank ruhen lassen.

Für die Füllung den Rhabarber in etwa 1 Zentimeter große Stücke schneiden und in einer großen Schüssel mit dem Vanillezucker und den geriebenen Mandeln vermischen.

Die Milch und die Sahne mit den Eiern verquirlen und in einen Topf gießen. Den mit dem Mehl vermischten Zucker einrühren und alles zusammen unter ständigem Rühren erhitzen. Einmal aufkochen lassen, dann die Hitze abschalten. Die Mischung über den Rhabarber gießen und gründlich vermischen.

Den Backofen auf 180 Grad vorheizen, den Mürbeteig dünn ausrollen und vorsichtig in eine ausgebutterte Tarte- oder Springform legen.

Die Füllung über dem Teigboden verteilen und den Kuchen 45 Minuten backen. Abkühlen lassen und servieren.

Romana-Salat
mit Parmesan-Dressing

Zutaten für 3 – 4 Personen

3 kleine Romana-Salate
1 gehäufter EL Kapern (in Salz, aus dem Glas)
Pflanzenöl

Für das Dressing

1 großes Ei
0,1 l Pflanzenöl
½ TL Senf
100 g saure Sahne
50 g geriebener Parmesan
Zitronensaft, Salz, Pfeffer

Zubereitung

Für das Dressing zunächst das Ei, den Senf, etwas Zitronensaft, Salz und Pfeffer in einen Mixbecher geben und das Öl dazugießen. Mit dem Mixstab pürieren, bis sich eine Emulsion gebildet hat. Saure Sahne und Parmesan zufügen und noch einmal gut durchmixen.

Die Strünke der Romana-Salate unten großzügig abschneiden, dann die Salate längs halbieren und quer in sehr schmale Streifen von etwa 5 Millimetern schneiden.

Die Kapern 30 Minuten lang kalt wässern, abspülen und mit Küchenpapier trocken tupfen. Auf einem Küchenbrett noch etwas kleiner hacken. In einer Pfanne etwas Pflanzenöl erhitzen, die Kapern anbraten und bei mittlerer Hitze so lange weiterbraten, bis sie knusprig sind (etwa 10 Minuten).

Die Kapern noch heiß auf dem Salat verteilen, dann das Dressing über den Salat gießen. Gründlich unterheben, noch einmal herzhaft abschmecken und mit Baguette servieren.

Rosenkohl mit geröstetem Hafer

Dieser Rosenkohl ist sozusagen die gekonnte Verfeinerung einer Gemüsesorte, die – im Ganzen gegart – manchmal doch etwas zu muffig schmeckt. So macht er am Anfang zwar etwas mehr Arbeit, doch dafür geht die eigentliche Zubereitung sehr schnell. Die knusprigen Haferkörner sorgen für zusätzlichen Reiz.

Zutaten

1 kg Rosenkohl
1 EL Butter
Sahne, Salz, Pfeffer, Muskatnuss
100 g Haferkörner
Olivenöl, Meersalz

Zubereitung

Die Haferkörner über Nacht in viel Wasser einweichen. Durch ein Sieb abgießen, mit klarem Wasser nachspülen und abtropfen lassen. In einem Küchenhandtuch leicht trocken rubbeln. In einer Pfanne in etwas Olivenöl bei mittlerer Hitze knusprig braten, zwischendurch umrühren und salzen. Das Ganze dauert ungefähr 10 Minuten. Abkühlen lassen. Der Hafer bleibt in einem Schraubglas mit Deckel problemlos 2 bis 3 Tage lang knusprig.

Bei den Rosenkohlröschen schneiden Sie zuerst den Strunk unten ab und entfernen die äußeren welken Blätter. Jetzt entblättern Sie die Röschen eins nach dem anderen, indem Sie die Blätter einfach abzupfen, bis nur noch der Mittelstrunk übrig ist, den werfen Sie weg. Die Blätter blanchieren Sie in einem großen Topf: Reichlich Wasser aufkochen lassen, kräftig salzen, dann die Blätter 2 Minuten lang offen sprudelnd kochen lassen, abgießen und sofort mit viel kaltem Wasser abschrecken, abtropfen lassen. Bis hierhin können Sie alles vorbereiten und das Gemüse stundenlang locker in einer Plastiktüte im Kühlschrank aufbewahren.

Die restliche Zubereitung geht ganz schnell: Die abgetropften Rosenkohlblätter in der Butter bei mittlerer Hitze und gelegentlichem Rühren 5 Minuten lang dünsten, dabei mit Pfeffer, Salz, frisch geriebener Muskatnuss würzen. Wenn Sie wollen, gießen sie etwas Sahne zu, dann wird das Ganze noch etwas saftiger, aber nehmen Sie wirklich nur wenig Sahne. So fein kann er sein, der Rosenkohl.

Auf dem Teller mit den gerösteten Haferkörnern bestreuen.

Am liebsten esse ich den Rosenkohl zu Wild, egal ob Reh, Hase oder Wildschwein. Er passt aber auch, wenn das Schwein nicht wild war. Oder servieren Sie ihn einfach solo – als Vorspeise oder Zwischengericht.

Rote Bete

Zubereitung

Die Rote Bete schälen und in kleine Würfel schneiden, zusammen mit dem Thymian, der Orangenschale, den Lorbeerblättern, Salz, Pfeffer und etwas Öl in einen Topf geben, 30 Minuten mit geschlossenem Deckel bei 180 Grad im Ofen schmoren lassen. Dann den Orangensaft zugießen, etwas Zucker drüberstreuen und weitere 30 Minuten schmoren, bis die Rote Bete weich, aber noch bissfest ist. Orangenschale, Lorbeerblätter und Thymianzweige entfernen, mit gemörsertem Kümmel und nochmals Salz und Pfeffer abschmecken.

Zutaten

7 Knollen Rote Bete
(zusammen etwa 750 g)
5 Zweige frischer Thymian
5 Stücke Orangenschale
2 EL Orangensaft
2 Lorbeerblätter
Sonnenblumenöl, Salz, Pfeffer
Zucker, gemörserter Kümmel

104

Rote-Bete-Carpaccio mit gebratenen Kapern

Zutaten

4 Knollen Rote Bete
(zusammen etwa 1 Pf.)
0,1 l Orangensaft
1 Lorbeerblatt
3 Zweige Thymian
2 EL Kapern (in Salz, aus dem Glas)
1 EL geraspelter Parmesan
1 EL gehackte Petersilie
Pflanzenöl, kalt gepresstes
Sonnenblumenöl
Salz, Pfeffer

Zubereitung

Die Rote Bete mit nassen Händen schnell schälen und nebeneinander in einen kleinen Topf legen. Den Orangensaft angießen und so viel Wasser zufügen, dass die Beten etwa zu einem Drittel in der Flüssigkeit stehen, Lorbeerblatt und Thymian dazugeben, etwas salzen und pfeffern. Alles zum Kochen bringen und mit geschlossenem Deckel bei niedriger Hitze etwa 45 Minuten garen, es kann auch 60 Minuten dauern. Jedenfalls sollten die Beten weich, aber noch bissfest sein. Dann abgießen und abkühlen lassen.

In der Zwischenzeit die Kapern 30 Minuten lang in viel kaltem Wasser wässern, danach abspülen und mit Küchenpapier trocken tupfen. In einer Pfanne Pflanzenöl erhitzen, die Kapern darin anbraten (Vorsicht, das kann zuerst etwas spritzen!) und bei mittlerer Hitze so lange weiter braten, bis sie knusprig sind (etwa 10 Minuten). Zum Servieren die Beten auf dem Gemüsehobel in 3 Millimeter dicke Scheiben schneiden und im Kreis gefächert auf flachen Tellern auslegen, dünn mit dem Sonnenblumenöl bestreichen, etwas salzen und pfeffern. Die Kapern gleichmäßig darauf verteilen, dann die gehackte Petersilie und den Parmesan drüberstreuen.

Rote Bete
mit Frühlingszwiebeln und Joghurt-Dressing

Zutaten
8 Knollen Rote Bete (zusammen etwa 800 g)
5 Frühlingszwiebeln
250 g Joghurt
100 g Schmand (24 % Fett)
3 EL Sonnenblumenöl
Zitronensaft, Salz, Pfeffer, Zucker

Zubereitung
Zuerst die Rote-Bete-Knollen gut waschen, aber nicht schälen, und in gesalzenem Wasser weich kochen – das kann ungefähr 1 Stunde dauern, die Knollen sollten aber noch etwas Biss haben. Während sie kochen, putzen Sie die Frühlingszwiebeln und schneiden sie in sehr feine Ringe. Salzen, pfeffern, eine Prise Zucker zufügen, gründlich mit Joghurt und Schmand vermischen und das Sonnenblumenöl einrühren. Zum Schluss noch einmal auch mit etwas Zitronensaft herzhaft abschmecken.

Zum Servieren die Knollen heiß schälen, vierteln und mit der Sauce übergießen.

Rote-Bete-Knödel
mit Schnittlauch und Parmesan

Eine der nicht so bekannten Knödelspezialitäten aus Südtirol.

Zutaten für 6 – 8 Knödel
200 g altbackene Brötchen (das sind 3 – 4)
2 kleine, weich gekochte Knollen Rote Bete (zusammen etwa 200 g)
1 Zwiebel
2 EL Mehl
50 g geriebener Bergkäse
0,1 l Milch
2 Eier
Butter, Salz, Pfeffer

Außerdem
2 Bund Schnittlauch
100 g Parmesan
150 g Butter

Zubereitung
Die Brötchen in sehr kleine Würfel, ähnlich wie Croutons, schneiden und in eine Schüssel geben. Die Zwiebel fein hacken, in Butter glasig dünsten und zusammen mit dem Mehl und dem Bergkäse unter die Brötchenwürfel mischen.

Dann für die Knödel die Eier mit der Milch mixen, darin die in Stücke zerteilte rote Bete Bete pürieren. Mit Salz und Pfeffer herzhaft abschmecken und die Flüssigkeit über die Brötchenwürfel gießen. Kurz durchmengen und 20 Minuten ziehen lassen.

Einen sehr großen Topf mit gesalzenem Wasser aufsetzen. Mit feuchten Händen aus dem Teig Knödel formen und diese 10 Minuten in leicht köchelndem Wasser sieden.

Den Schnittlauch in Röllchen schneiden, den Parmesan reiben, die Butter in einem kleinen Topf zerlassen.

Zum Servieren die Knödel auf die Teller geben und halbieren. Heiße Butter darübergießen, Schnittlauch und Parmesan drüberstreuen.

Rübstiel auf italienische Art

Zubereitung

Vom Rübstiel einfach den Wurzelansatz großzügig abschneiden, die Stängel mit Blättern waschen und abtropfen lassen und anschließend in etwa 5 Zentimeter lange Stücke schneiden. Die Zwiebeln in feine Streifen schneiden, den Knoblauch fein hacken, beides in Olivenöl in einem großen Topf glasig dünsten. Zuerst die Hälfte des Rübstiels einrühren, dabei salzen und pfeffern. Wenn das Gemüse etwas zusammengefallen ist, die zweite Hälfte einrühren, noch einmal mit Salz, Pfeffer, ein paar Tropfen Zitronensaft und etwas Muskatnuss würzen. Den Deckel auflegen und bei niedriger Hitze etwas schmoren. Anschließend weitere 5 Minuten offen dünsten, bis die Flüssigkeit fast verdampft ist, und noch einmal abschmecken.

Schmeckt sehr gut zu neuen Kartoffeln, die man einfach mit einer Gabel zerquetscht, etwas Olivenöl darübergießt und mit Meersalz bestreut.

Zutaten

1 kg Rübstiel (auch Stielmus genannt)
2 Zwiebeln
1 Knoblauchzehe
Salz, Pfeffer, Muskatnuss, Olivenöl, Zitronensaft

S

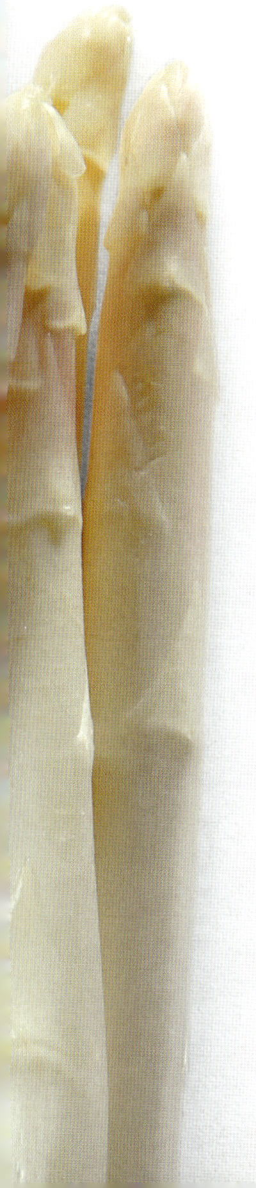

SELLERIE

SPARGEL

SPITZKOHL

STEINPILZE

Sellerie-Püree

Zutaten

800 g Knollensellerie (geputzt gewogen)
200 g Butter
1 TL Meersalz

Zubereitung

Die Sellerieknolle unter fließendem Wasser abbürsten und säubern, Grünes sauber abschneiden, dann die Knolle in einer Lage Alufolie fest einpacken, sodass kein Dampf austreten kann. Den Backofen auf 180 Grad vorheizen, die Knolle auf ein Rost legen und 2 Stunden backen, dann überprüfen: Wenn sich ein Küchenmesser leicht reinstechen lässt, ist sie gar. Auspacken, etwas abkühlen lassen, die Schale abschneiden und die Knolle selbst in große Stücke schneiden. Etwas ausdampfen lassen, dann die noch warmen Selleriestücke in einen Mixer geben und mit der kalten, in Stücke geschnittenen Butter und dem Meersalz pürieren. Noch einmal abschmecken und in einen Topf umfüllen. Bei niedriger Hitze unter ständigem Rühren wieder heiß werden lassen, aber ohne das Püree zu kochen.

Zu jeder Art von Rindfleisch, Wild oder einfach zu Steaks, Schnitzel, Bratwurst oder Frikadellen etc. servieren.

Sellerie mit Remoulade und Kapern

Zutaten

1 Pf. Knollensellerie
(geputzt gewogen)

Für die Remoulade

2 Eigelb
1 ganzes Ei
1 gestrichener TL scharfer Senf
1 TL Zitronensaft
0,2 l Pflanzenöl
2 EL Kapern (in Salz, aus dem Glas)
3 Frühlingszwiebeln
1 EL fein gehackte Petersilie
100 g Schmand (10 % Fett)
Zucker, Salz, Pfeffer

Zubereitung

Für die Remouladensauce zunächst eine Mayonnaise mixen. Dazu Eigelb, Ei, Senf, Zitronensaft, eine Prise Zucker, Salz und Pfeffer (alles bei Raumtemperatur) in einen relativ schmalen Mixbecher füllen und das Pflanzenöl dazugießen. Den Mixstab so in das Gefäß stellen, dass er den Boden berührt, auf höchster Stufe beginnen. Nach etwa 10 Sekunden den Mixstab langsam nach oben ziehen, dabei emulgiert die Mayonnaise. So lange weitermixen, bis sie dicklich ist, sie wird aber nicht so fest wie eine gekaufte Mayonnaise. Die Kapern grob hacken, die Frühlingszwiebeln in feine Röllchen schneiden und zusammen mit der Petersilie und dem Schmand unter die Mayonnaise ziehen.

Den geputzten Knollensellerie auf einer groben Gemüsereibe raffeln und sofort in einer Schüssel mit der Remouladensauce vermischen. 30 Minuten ziehen lassen und mit Toast servieren.

Sellerie im Duett

Die Kombination der deutsch bevorzugten Knolle mit der italienisch bevorzugten Staude.

Zutaten

600 g Knollensellerie
(geputzt gewogen)
1 EL Butter
100 g Sahne
6 Stangen Staudensellerie
3 Eier
Olivenöl, Salz, Pfeffer

Zubereitung

Den Knollensellerie schälen und in grobe Stücke schneiden, in der Butter kurz bei niedriger Hitze andünsten, salzen, pfeffern, die Sahne angießen und alles zusammen im geschlossenen Topf bei niedriger Hitze ganz leicht köcheln, bis der Sellerie sehr weich ist – das dauert ungefähr 30 Minuten. Vielleicht müssen Sie zwischendurch noch etwas Wasser angießen, aber immer so wenig wie möglich.

In der Zwischenzeit die Stangen des Staudenselleries putzen, waschen, und anschließend in Stifte von etwa 5 Zentimeter Länge und 5 Millimeter Dicke wie Breite schneiden. Diese Stifte kurz in viel kochendem Salzwasser 3 Minuten lang blanchieren und danach mit kaltem Wasser abschrecken.

Wenn der Knollensellerie gar ist, pürieren Sie ihn mit der Flüssigkeit im Topf, lassen das Püree etwas abkühlen und rühren dann die Eier hinein. Füllen Sie die Masse in eine passende, ausgebutterte Schüssel, die nicht viel größer ist als die Menge Püree. Stellen Sie diese in eine Auflaufform mit heißem Wasser und lassen Sie den Auflauf etwa 45 Minuten im vorgeheizten Backofen bei 180 Grad stocken.

Kurz vor Ende der Garzeit dünsten Sie die Staudensellerie-Stifte in wenig Olivenöl an, salzen, pfeffern sie und lassen sie bei niedriger Hitze etwa 5 Minuten dünsten. Sie sollen halbweich sein, also noch Biss haben.

Stürzen Sie den Sellerieauflauf aus der Schüssel, schneiden vier dicke Scheiben ab und servieren Sie diese auf den bereits mit dem Staudensellerie belegten Tellern.

Scharfer Salat mit Staudensellerie und Cashewnüssen

Zubereitung

Das gesamte Gemüse waschen und putzen. Die Selleriestangen quer in dünne Streifen schneiden, anschließend in reichlich kochendem Salzwasser maximal 2 Minuten blanchieren, mit kaltem Wasser abspülen und abtropfen lassen.

Die Frühlingszwiebeln, das Weiße und das Grüne, ebenfalls in feine Streifen schneiden. Die Chilischote längs halbieren, die Kerne herauskratzen und sehr fein hacken. (Danach sofort die Finger waschen, wegen der Schärfe.) Zunächst die Chilistückchen in etwas Öl andünsten, dann die Zwiebeln zufügen und ganz kurz dünsten, abkühlen lassen.

Die Gemüsebrühe im offenen Topf auf etwa 0,1 Liter Flüssigkeit einkochen, abkühlen lassen und mit Salz, Pfeffer, einer Prise Zucker und ein paar Tropfen Zitronensaft abschmecken, anschließend mit etwas Öl verrühren und ziehen lassen. Die Cashewnüsse in einer Pfanne mit etwas Öl und Salz vorsichtig braten, bis sie hellbraun geröstet sind, aus dem Fett herausnehmen und abkühlen lassen. Den Schnittlauch fein schneiden und alle Zutaten gründlich miteinander vermischen, anschließend mit der Vinaigrette abschmecken.

Zutaten

6 Stangen Staudensellerie
6 Frühlingszwiebeln
1 frische Chilischote
¼ l Gemüsebrühe (siehe Seite 56)
120 g ungeröstete Cashewnüsse ohne Salz
1 Bund Schnittlauch
Sonnenblumenöl, Salz, Pfeffer, Zucker, Zitronensaft

Grüner Spargel
mit Kräutervinaigrette

Zutaten
1 kg grüner Spargel

Für die Vinaigrette
½ Bund frischer Kerbel
3 kleine Estragonzweige
1 EL fein gehackte Petersilie
1 Bund Schnittlauch
1 EL Weißweinessig
1 Messerspitze scharfer Senf
6 EL Olivenöl

Außerdem
Butter, Zucker, Salz, Pfeffer

Zubereitung
Für die Vinaigrette die Kerbelblättchen und die Estragonblätter von den Zweigen zupfen und nicht zu fein hacken, den Schnittlauch in Röllchen schneiden. Alle Kräuter zusammen mit den anderen Zutaten zu einer Vinaigrette verrühren, dann salzen und pfeffern.

Den grünen Spargel am unteren Ende etwa 2 Zentimeter lang abschneiden. Diese Endstücke mit 1 Teelöffel Butter, ½ Teelöffel Zucker und ½ Liter Wasser 10 Minuten köcheln lassen. Dann die Spargelstangen einlegen (das Wasser sollte die Stangen nur knapp bedecken), kurz aufkochen und die Stangen 10 Minuten nur sieden lassen, damit sie noch etwas bissfest bleiben.

Den Spargel aus dem Topf nehmen, abtropfen lassen und auf eine flache Schale legen. Die Vinaigrette noch einmal mit 2 Esslöffel Spargelsud verquirlen und über den Spargel gießen. Das Ganze schmeckt am besten lauwarm.

Gebratener Spargel

zu Pasta

Sehr ungewöhnlich, sehr lecker und einer meiner Spargel-Favoriten überhaupt.

Zubereitung

Schälen Sie den weißen Spargel sehr sorgfältig – immer von der Spitze zum unteren Ende hin, denn nichts ist schlimmer als Spargelschale zwischen den Zähnen. An den Enden kurz abschneiden. Den grünen Spargel müssen Sie nicht schälen, sondern nur das untere Ende abschneiden. Dann halbieren Sie beide Spargelsorten längs und falls der weiße Spargel sehr dick sein sollte, halbieren Sie auch die Hälften noch einmal längs. Zum Schluss schneiden Sie beide Sorten in etwa 5 Zentimeter lange Stücke.

Lassen Sie in einer großen Pfanne die Butter heiß werden und streuen Sie etwa ½ Teelöffel Zucker hinein. Jetzt schäumt die Butter auf – das ist genau der richtige Moment, um etwas Walnussöl hineinzugießen und die Spargelstücke darin bei mittlerer Hitze anzubraten. Wenn nicht der gesamte Spargel auf einmal hineinpasst, halbieren Sie die Buttermenge und braten den Spargel in zwei Portionen an.

Lassen Sie den Spargel nun bei mittlerer Hitze offen etwa 10 Minuten dünsten, salzen und pfeffern Sie währenddessen und rühren Sie ihn gelegentlich um. Danach wird er noch etwas knackigen Biss haben und das soll in diesem Fall auch so sein – wenn er beim Dünsten etwas gebräunt wurde, ist das eher gut für den intensiven Spargelgeschmack. Rühren Sie noch ein paar Tropfen Walnussöl ein, schmecken mit etwas Zitronensaft ab und zum Schluss kochen Sie den Spargel noch einmal kurz mit der Sahne auf.

In der Zwischenzeit haben Sie bestimmt schon die Nudeln aufgesetzt und al dente gekocht, dann durch ein Sieb abgegossen und mit Wasser abgespült. Also brauchen Sie jetzt nur noch den Spargel mit der gesamten Flüssigkeit unter die Nudeln zu rühren, alles zusammen noch einmal richtig heiß werden lassen und ganz zum Schluss den in feine Streifen geschnittenen Bärlauch unterzuziehen.

Zutaten

- 1 Pf. weißer Spargel (geht auch nur mit weißem oder grünem Spargel)
- 1 Pf. grüner Spargel
- 100 g Butter
- Walnussöl, Zucker, Salz, Pfeffer, Zitronensaft
- ca. 100 g Sahne
- 4 Blätter Bärlauch
- 300 g flache Nudeln (z. B. Farfalle)

Spargel in Alufolie

Dies ist das von den Hörern vermutlich meistdiskutierte Rezept auf WDR 2. Deswegen hier noch einmal die beiden wesentlichen Hinweise, damit es gelingt: Der Ofen muss unbedingt richtig vorgeheizt und die Alupäckchen müssen dicht sein. Da die Spargelstangen unterschiedlich dick sind, werden sie nicht alle unbedingt gleichmäßig weich. Das sollen sie aber auch gar nicht, weil das gerade den zusätzlichen Reiz dieser Garmethode ausmacht.

Zutaten für 2 Personen

1 kg weißer Spargel
150 g Butter
1 TL Zucker
Salz
1 Bund Schnittlauch oder 1 EL fein gehackte Petersilie

Zubereitung

Den Backofen auf 180 Grad vorheizen. Den Spargel sehr sorgfältig schälen und an den Enden kurz abschneiden. Die Butter lauwarm zerlassen, den Zucker und etwas Salz darin auflösen. Zwei mal zwei Bögen Alufolie, die etwa 10 Zentimeter länger als der Spargel sind, aufeinander legen. Dann jeweils die Hälfte der Stangen wie ein Holzbündel zu einer Art Rolle »bündeln«, auf die Folien legen und diese an den Seiten hochbiegen. Jeweils die Hälfte der Butter über die Spargelbündel gießen und die Alufolie nun so über dem Spargel zusammenfalten, dass die Butter nicht herausfließen kann. Die geschlossenen Päckchen in den Backofen legen und 40 Minuten garen.

Zum Servieren den Spargel aus den Alupäckchen mitsamt der Butter und dem Saft auf flache Teller gleiten lassen, mit Schnittlauchröllchen oder Petersilie bestreuen und mit neuen Kartoffeln servieren.

WDR 2

Spargelsuppe mit Radieschen

Zutaten

800 g weißer Spargel-Bruch
100 g Butter
200 g Sahne
¼ l Gemüsebrühe
(siehe Seite 56)
10 Radieschen
10 Schnittlauchhalme
Salz, weißer Pfeffer
Zucker, Muskatnuss

Zubereitung

Den Spargelbruch auf Schalen kontrollieren: Die Bruchstücke vom unteren Stangenende sorgfältig schälen, bei allen Stücken die unteren Enden knapp abschneiden. Die Stangen in etwa 3 Zentimeter lange Stücke schneiden. Die Stücke in der Butter etwa 5 Minuten lang andünsten, mit der Brühe ablöschen und noch so viel Wasser zugießen, dass der Spargel gerade ganz bedeckt ist. Salzen, pfeffern, eine Prise Zucker und etwas Muskatnuss dazugeben – jetzt muss der Spargel etwa 30 Minuten vor sich hinköcheln, bis er ganz weich ist, sodass er sich im Mixer oder mit dem Pürierstab problemlos pürieren lässt. Vor dem Pürieren noch die Sahne dazugießen. Anschließend die fertige Suppe durch ein Sieb passieren, in dem dann eventuell übrig gebliebene Spargelfasern hängen bleiben.

Die Radieschen erst in dünne Scheiben schneiden, dann diese Scheiben in feine Stifte. Den Schnittlauch in feine Röllchen hacken. Zum Servieren die Suppe noch einmal richtig erhitzen, auf Teller verteilen und in die Mitte jeweils ein Häufchen Radieschen-Stifte setzen. Zum Schluss die Schnittlauchröllchen über die Suppe streuen.

Spargel mit Tomaten und Estragon

Zubereitung

Den Spargel sorgfältig schälen und die unteren Enden abschneiden – damit ist die meiste Arbeit schon getan. Nehmen Sie einen Topf mit möglichst großem Durchmesser, damit die Spargelstangen ganz hineinpassen. Wenn er nicht breit genug ist, schneiden Sie einfach so viel vom unteren Ende der Stangen ab, bis der Spargel passt, und kochen diese Stücke ebenfalls mit. Große Mengen Spargel sollten Sie allerdings lieber in zwei Durchgängen kochen, damit er im Topf noch etwas schwimmen kann.

Lassen Sie etwa 1 Liter Wasser (je nach Höhe des Topfes) mit 1 Teelöffel Salz, ½ Teelöffel Zucker und 1 Esslöffel Butter aufkochen, dann legen Sie die Spargelstangen hinein und lassen alles wieder aufkochen. Der Spargel sollte aber nicht richtig kochen, sondern offen simmern, also nur ganz leicht köcheln. Dadurch werden die Stangen gar, aber die Spitzen eben nicht zu weich. Das dauert bei normaler Spargeldicke etwa 15 Minuten. Ich finde ihn am besten, wenn der Spargel noch etwas Biss hat.

Für die Sauce die Tomaten waschen, halbieren, Kerne und Glibber herausnehmen und durch ein Sieb abtropfen lassen, dabei den Saft auffangen. Die Tomatenhälften in kleine Würfel schneiden. Die Estragonblättchen fein hacken. In einem Topf etwas Olivenöl erhitzen, Tomatenwürfel und Estragon einrühren und alles nur 1 oder 2 Minuten leicht köcheln lassen, dann den aufgefangenen Saft einrühren. Alles noch einmal erhitzen, ohne zu kochen, dabei mit Salz, Pfeffer und eventuell einer Prise Zucker abschmecken.

Den fertigen Spargel aus dem Kochwasser herausheben, dann auf flache Teller legen und immer gut »ausdampfen« lassen, sonst verwässern Butter oder Saucen zu sehr – heiß bleibt er sowieso. Zum Schluss die Tomatensauce über den Spargel gießen.

Dazu passen neue Kartoffeln.

Zutaten für 2 Personen

Für den Spargel

1 kg weißer Spargel
1 TL Salz
½ TL Zucker
1 EL Butter

Für die Sauce

5 Tomaten
10 Blätter frischer Estragon
Olivenöl, Salz, Pfeffer, Zucker

Spitzkohl mit Koriander

Zutaten

750 g Spitzkohl
0,1 l trockener Weißwein
100 g Sahne
1 gehäufter TL Korianderkörner
Butter, Muskatnuss, Salz, Pfeffer

Zubereitung

Die äußeren Blätter vom Spitzkohl entfernen, dann den Spitzkohl längs vierteln. Den dicken Strunk entfernen und die Viertel quer in sehr feine Streifen schneiden. Diese kurz in etwas Butter andünsten, dabei salzen und pfeffern. Mit dem Weißwein ablöschen und aufkochen, 2 Minuten offen köcheln lassen. Nun mit den grob gemörserten Korianderkörnern und Muskatnuss würzen, die Sahne zugießen und weitere 5 Minuten im geschlossenen Topf bei mittlerer Hitze weitergaren. Noch einmal abschmecken und warm halten.

So passt der Spitzkohl hervorragend zu gebratener Forelle oder Lachs.

Die ebenso attraktive Variante mit gemörsertem Kreuzkümmel statt Koriander und 150 g Schmand (20 % Fett) statt Sahne und Weißwein können Sie zu Schweinefleisch oder Geflügel servieren.

Steinpilze mit Kartoffeln und Rührei

Zubereitung

Zuerst putzen Sie die Steinpilze, das heißt eigentlich, dass Sie sie auf Erdreste untersuchen und diese möglichst ohne Wasser mit einem feuchten Tuch oder mit einem weichen Küchenpinsel entfernen. Anschließend schnippeln Sie alles weg, was nicht schön aussieht, schneiden die Stiele in sehr dünne Scheiben, die Hüte in etwas dickere Scheiben von maximal 5 Millimeter. Den Backofen auf 200 Grad vorheizen.

Nun die Kartoffeln schälen und auf dem Gemüsehobel sehr dünn hobeln. Es sollten so viele Scheiben sein, dass Sie eine gut mit Olivenöl ausgepinselte Tarte- oder Pizzaform damit flächendeckend auslegen können und die Scheiben sich dabei leicht überlappen. Die Kartoffeln gleichmäßig salzen und ganz leicht pfeffern. Die Steinpilze ebenfalls flächendeckend auf den Kartoffelscheiben verteilen, leicht mit Olivenöl beträufeln, etwas salzen, und die Form locker mit Alufolie abdecken. In den Backofen schieben und 30 Minuten garen. In der Zwischenzeit den Schnittlauch in feine Röllchen schneiden.

Kurz vor Ende der Garzeit bereiten Sie das Rührei vor. Dazu verquirlen Sie die Eier mit der Milch, salzen und pfeffern. Lassen Sie etwas Butter in einer Pfanne richtig heiß werden und gießen Sie die Eiermilch hinein. Auf mittlerer Hitze stocken lassen, zunächst ohne Rühren. Sobald Sie sehen, dass die Flüssigkeit am Rand der Pfanne fest wird, schieben Sie das Rührei mit langsamen Bewegungen von außen nach innen, sodass wieder Flüssiges auf den Pfannenboden gelangen kann. Wenn die Masse halbwegs gestockt ist, schalten Sie den Herd aus und rühren die Eier noch einmal durch, die jetzt komplett gestockt, aber nicht ganz fest, sondern noch leicht cremig sein sollten.

Zum Servieren verteilen Sie zunächst so gut wie möglich Kartoffeln (unten) und Steinpilze (oben) auf zwei Teller, legen das Rührei oben auf, streuen locker die Schnittlauchröllchen darüber und servieren sofort. Dazu reichen Sie vielleicht noch etwas frisch geröstetes Toastbrot.

Zutaten für 2 Personen

ca. 350 g Kartoffeln (vorwiegend festkochend)
400 g Steinpilze
Olivenöl, Salz, Pfeffer

Für das Rührei

4 Eier
0,1 l Milch
Butter, Salz, Pfeffer
½ Bund Schnittlauch

Tatsächlich passt ein körperreicher, guter Schaumwein sehr schön zu den wunderbaren Steinpilzen, am besten ein erstklassiger deutscher Winzersekt. Aber warum nicht mal zur Feier des Tages einen echten Champagner kredenzen?

T

TOFU

TOMATE

TOPINAMBUR

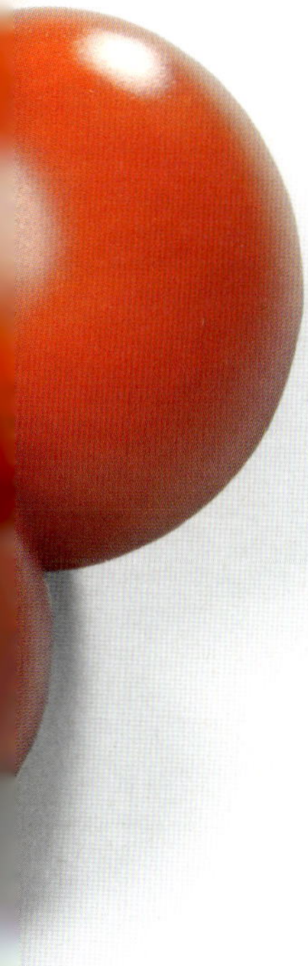

Tofu mit Blattspinat und Shiitakepilzen

Zutaten für 2 – 3 Personen

200 g Tofu
300 g frische Shiitakepilze
8 Frühlingszwiebeln
3 Knoblauchzehen
1 EL Hoisin-Sauce (asiatische Soja-Bohnenpaste)
100 g Blattspinat (TK, aufgetaut)
2 Eier
150 g Sojasprossen
Dunkle Sojasauce, Zitronensaft, Salz, Pfeffer, Pflanzenöl

Außerdem
100 g Reisbandnudeln

Zubereitung

Von den Shiitakepilzen die Stängel entfernen und die Hüte in Streifen schneiden. Die Frühlingszwiebeln waschen, putzen und längs in etwa 3 Zentimeter lange Stücke schneiden. Die Knoblauchzehen fein hacken. Den Tofu in streichholzgroße Stifte schneiden und knapp mit der Sojasauce bedecken.

Die Eier verquirlen, salzen und in einer großen Pfanne zu einem sehr dünnen Omelett stocken lassen. Aus der Pfanne nehmen, aufrollen und die Rollen in dünne Streifen schneiden.

Die abgetropften Tofustreifen im Wok oder einem Schmortopf bei großer Hitze kurz in etwas Öl andünsten. Aus dem Topf nehmen und die Frühlingszwiebeln mit dem Knoblauch im selben Topf andünsten, salzen und pfeffern. Die Pilze dazugeben, kurz umrühren, die Hoisin-Sauce und etwas Sojasauce einrühren, 5 Minuten dünsten und mit Zitronensaft abschmecken. Den aufgetauten Blattspinat hacken und zusammen mit den Tofustreifen und den Omelettröllchen unter das Gemüse mischen. Warm halten, ohne zu kochen.

Die Reisbandnudeln in der Mitte durchbrechen und 10 Minuten in viel kaltem Wasser einweichen. Abgießen, frisches Wasser zum Kochen bringen, salzen und die Bandnudeln in etwa 5 Minuten al dente kochen. Durch ein Sieb abgießen, mit heißem Wasser abspülen und sofort unter die Sauce mischen.

Jetzt erst die Sojasprossen dazugeben, alles zusammen sehr heiß werden lassen und noch einmal abschmecken. Sofort servieren.

Caprese als gefüllte Tomate

Zutaten für 6 – 8 Tomaten

6 – 8 mittelgroße Tomaten
20 frische Basilikumblätter
350 g Büffelmozzarella
Olivenöl, Salz, Pfeffer

Zubereitung

Die Tomaten waschen, oben einen Deckel abschneiden, dann mit einem Messer oder einem Teelöffel vorsichtig den Glibber und die Kerne entfernen. Das Innere der Tomaten in ein Sieb legen und den abtropfenden Saft auffangen. Den Büffelmozzarella in etwa 1 Zentimeter große Würfel schneiden und etwas salzen und pfeffern. Die Basilikumblätter quer in dünne Streifen schneiden und in einer Schüssel mit den Mozzarella-Würfeln vermischen und die ausgehöhlten Tomaten damit füllen. Den abgetropften Saft der Tomaten mit etwas Olivenöl verquirlen und über die Füllung gießen.

Nur wenn jede Zutat wirklich vom Feinsten ist, ist diese Caprese ein himmlischer Genuss.

Tomaten und Zucchini

Zutaten für 8 Tomaten

8 Tomaten
500 g Zucchini
1 Zwiebel
1 Knoblauchzehe
50 g geräucherter Scamorza
100 g Scamorza
Salz, Pfeffer, Muskatnuss, Olivenöl

Zubereitung

Die Zucchini waschen, an den Enden kurz abschneiden und grob raspeln. In ein Sieb legen und mit Salz bestreuen Nach 30 Minuten erneut durchmischen, noch mal salzen und weitere 30 Minuten ziehen lassen.

Die Tomaten waschen, oben einen Deckel abschneiden, dann mit einem Messer oder einem Teelöffel vorsichtig entkernen und entglibbern. Die Innereien in ein Sieb legen und den abtropfenden Saft auffangen, ruhig mit einem Löffel und etwas Druck nachhelfen. Die Tomaten unten so dünn wie möglich waagerecht gerade schneiden, damit sie besser stehen bleiben.

Für die Füllung die Zucchini-Raspel mit beiden Händen so fest wie möglich ausdrücken. Die Zwiebel fein würfeln, den Knoblauch fein hacken, beides in Olivenöl glasig andünsten, die Zucchini-Raspel einrühren und kurz mitdünsten. Mit Salz, Pfeffer und Muskatnuss abschmecken und mit dem abgetropften Tomatensaft ablöschen. So lange offen dünsten, bis die Flüssigkeit fast verdampft ist, dann in eine Schüssel umfüllen. Abkühlen lassen. Den geräucherten Scamorza in sehr kleine Würfel schneiden und unter die Zucchini ziehen.

Den Backofen auf 180 Grad vorheizen.

Die Tomaten mit der Zucchinimasse füllen und in eine Auflaufform stellen, in die Sie vorher etwas Olivenöl gießen. Den Scamorza fein raspeln und über sowie neben den Tomaten verteilen. 30 Minuten lang im Ofen garen und servieren. Dabei das Öl und den Käse aus der Form über die Tomaten gießen.

Die gefüllten Tomaten schmecken auch lauwarm sehr gut.

Gebratener Topinambur

Zubereitung

Den Topinambur schälen, waschen und erst längs halbieren, dann quer in etwa 1 Zentimeter dicke Scheiben schneiden. Die Scheiben bei großer Hitze in Olivenöl braun anbraten, dann bei mittlerer Hitze in etwa 20 Minuten in Olivenöl weich und bissfest braten, dabei einige Mal wenden. Erst kurz vor Schluss salzen und pfeffern.

Topinambur passt sehr gut als Beilage zu allen Schweinefleisch- und Schmorgerichten sowie zu jeder Art Salat.

Zutaten

1 kg Topinambur
Olivenöl, Salz, Pfeffer

W

WIRSING

Wirsing-Quiche

Zutaten
für eine Tarteform von 26 cm Durchmesser

Für den Mürbeteig

300 g Mehl

½ TL Salz

1 gestrichener TL Backpulver

125 g Butter

1 Ei

Für den Belag

1 mittelgroßer Wirsing (ca. 800 g)

50 g Butter

3 Eier

150 g Crème fraîche

100 g Bergkäse

Salz, Pfeffer, Muskatnuss

Zubereitung

Für den Mürbeteig die kalte Butter in kleine Würfel schneiden. Das Mehl mit dem Salz und dem Backpulver mischen, dann mit den Knethaken des Rührgeräts die Butterwürfel einrühren, bis Streusel entstehen. Jetzt das Ei dazugeben und weiterrühren, bis sich kurz darauf ein zusammenhängender Teig bildet. Wenn er nicht geschmeidig genug sein sollte, noch etwas kaltes Wasser einkneten. Den Teig mit den Händen schnell kurz und kräftig nachkneten, zu einer Kugel formen, in Klarsichtfolie wickeln und im Kühlschrank 30 Minuten ruhen lassen.

Vom Wirsing nur die äußeren, dunkelgrünen Blattlagen entfernen. Den Kopf der Länge nach vierteln. Dann den Strunk entfernen und die restlichen Stücke quer in etwa 1 Zentimeter dicke Streifen schneiden.

Dünsten Sie diese nun zuerst in der Butter an und rühren Sie anschließend portionsweise den restlichen Wirsing dazu, aber wirklich immer gut dabei durchrühren, damit sich die Butter gut verteilt, außerdem etwas salzen, pfeffern und eine Prise frisch geriebene Muskatnuss zufügen. Dann 3 Esslöffel Wasser dazugeben und den Wirsing im geschlossenen Topf bei mittlerer Hitze etwa 5 Minuten schmoren lassen, bis er zusammengefallen ist. Jetzt offen köcheln, bis die Flüssigkeit weitgehend verdunstet ist, und abkühlen lassen.

Den Mürbeteig ausrollen und die gebutterte Form damit auslegen. Den Backofen auf 180 Grad vorheizen.

Die Eier mit der Crème fraîche verquirlen, salzen und pfeffern. Den Bergkäse reiben und mit dem abgekühlten Wirsing mischen. Beides gleichmäßig auf dem Teig verteilen, die Eiermischung darübergießen und die Quiche etwa 40 Minuten backen, der Wirsing darf dabei ruhig etwas bräunen.

5 Minuten außerhalb des Ofens ruhen lassen und servieren.

Wirsingsalat mit Walnüssen

Zutaten

½ Wirsing (ohne die ganz dunkelgrünen äußeren Blätter)
50 g Walnusshälften
Meersalz, Pfeffer, Zitronensaft, Olivenöl

Zubereitung

Den Wirsing in vier Stücke teilen und alle dicken Strünke aus dem Wirsing herausschneiden. Dann die Viertel quer in sehr feine Streifen schneiden und in einer Schüssel mit etwas Meersalz mischen. Mit dem Kartoffelstampfer kurz und kräftig stampfen, also fest andrücken, bis die Struktur des Wirsings etwas bricht. 20 Minuten ziehen lassen.

Die Walnüsse grob hacken und mit dem Wirsing vermischen. Mit Zitronensaft und Pfeffer würzen, zum Schluss etwa 2 Esslöffel Olivenöl zufügen. Noch einmal 10 Minuten ziehen lassen und mit frischem Baguette servieren.

Z

ZUCCHINI

ZWIEBEL

Zucchini
mit Cashewnüssen und Parmesan

Zutaten für 3 – 4 Personen

2 kleine grüne Zucchini
2 kleine gelbe Zucchini
50 g Cashewnüsse
2 Knoblauchzehen
4 EL Olivenöl
Zitronensaft, Salz, Pfeffer
50 g Parmesan

Zubereitung

Die Knoblauchzehen in das Olivenöl pressen und 1 Stunde ziehen lassen. Die Cashewnüsse grob hacken und in einer Pfanne ohne Fett bei mittlerer Hitze goldbraun rösten, abkühlen lassen. Die Zucchini waschen, längs halbieren und dann mit einem Sparschäler (wie für Kartoffeln) seitlich in dünne, bandnudelähnliche Streifen schälen (oder mit einem Gemüsehobel dünn hobeln). Die Zutaten miteinander vermischen, mit Salz, Pfeffer und ein paar Tropfen Zitronensaft abschmecken. 10 Minuten ziehen lassen, dann noch einmal abschmecken.

Den Parmesan in sehr dünne Scheiben schneiden oder hobeln und kurz vor dem Servieren über den Salat streuen.

Bandnudeln »Tricolore«

Zubereitung

Die Zucchini waschen und die beiden Enden so knapp wie möglich abschneiden, dann quer halbieren und die Stücke mit dem Gemüsehobel in etwa 5 Millimeter dicke Scheiben hobeln. Diese Scheiben wiederum in schmale Streifen schneiden, die so breit wie die Bandnudeln sind. Den Knoblauch fein hacken. Die Tomaten waschen.

Die Zucchini, den Knoblauch und die Thymianzweige in Olivenöl anbraten und etwa 10 Minuten offen (nicht zu) weich dünsten, dabei gelegentlich rühren, salzen und pfeffern.

Jetzt die halbierten Tomaten einrühren und nur so lange mitdünsten, bis die Schale etwas aufplatzt. Die Kräuter entfernen, etwas frisches Olivenöl zugießen und noch einmal abschmecken.

Die Bandnudeln kochen, abgießen und gründlich mit heißem Wasser abspülen. Mit dem Gemüse mischen und sofort servieren.

Einfacher geht's nicht, Gemüse und Nudeln so farbenfroh und schnell zusammenzubringen.

Zutaten für 2 Personen

1 Pf. Zucchini
1 Knoblauchzehe
5 Zweige frischer Thymian
12 kleine Kirschtomaten
200 g schmale Bandnudeln
Salz, Pfeffer, Olivenöl

Omelett »Kreta«
(griechisches Omelett)

Zutaten für 2 Personen
6 Eier
1 EL Butter
2 rote Zwiebeln
1 TL frischer Dill, fein gehackt
1 TL Oregano (getrocknet)
Salz, Pfeffer
80 g Feta

Zubereitung
Die Zwiebeln längs halbieren und quer in feine Streifen schneiden. Den Feta sehr klein würfeln. Die Eier mit Salz, Pfeffer, Dill und Oregano verschlagen, aber nur so, dass nicht das ganze Eiweiß verquirlt, sondern noch in Schlieren vorhanden ist. Die Zwiebelstreifen in der Butter 5 Minuten lang bei niedriger Hitze dünsten, dann die verquirlten Eier darübergießen. Bei mittlerer Hitze warten, bis das Omelett zur Hälfte gestockt, aber oben noch etwas flüssig ist. Den gewürfelten Schafskäse auf einer Hälfte des Omeletts verteilen und die andere Hälfte vorsichtig darüberklappen. Einen Deckel auf die Pfanne legen und das Omelett noch weitere 3 Minuten stocken lassen, dann quer halbieren und sofort servieren.

Vielleicht noch etwas Oregano drüberstreuen.

Französische Zwiebelpizza
mit Oliven und Kapern

Zubereitung

Für den Teig in einer Schüssel Quark, Ei, Öl und Salz verrühren. Das Mehl mit dem Backpulver vermischen, dann mit dem Rührgerät zunächst die erste Hälfte des Mehls unter die Quarkmasse rühren, danach die zweite Hälfte. Sobald sich der Teig vom Rand der Schüssel zu lösen beginnt, nehmen Sie die Hände zu Hilfe und kneten den Teig schnell und kräftig durch. Er ist genau richtig, wenn er relativ fest und gleichzeitig elastisch ist, aber nicht so sehr, dass er an den Fingern hängenbleibt (in diesem Fall brauchen Sie noch etwas mehr Mehl). Anschließend den Teig 30 Minuten ruhen lassen.

In dieser Zeit die Zwiebeln längs halbieren, die Hälften noch einmal längs in drei Stücke schneiden, anschließend quer in dünne Streifen. Die Streifen bei mittlerer Hitze in einer großen Pfanne in etwas Olivenöl andünsten, die Thymianzweige und Lorbeerblätter zugeben, salzen und pfeffern. Offen 20 Minuten lang dünsten, dabei immer wieder rühren. Die Kapern mit kaltem Wasser abspülen und zusammen mit den Oliven grob zerhacken. Unter die Zwiebelmasse rühren, 5 Minuten mitdünsten, dann auf einem flachen Teller abkühlen lassen. Den Backofen auf 200 Grad vorheizen.

Den Teig dünn ausrollen und in die mit Olivenöl ausgepinselte Tarteform legen. Die Zwiebelmasse gleichmäßig darauf verteilen und die Pizza 30 Minuten backen. 5 Minuten außerhalb des Ofens ruhen lassen und servieren.

Zutaten
für eine Tarteform von ca. 28 cm Durchmesser

Für den Teig

250 g Mehl
1 TL Backpulver
150 g Quark (20 % Fett)
1 Ei
4 EL Sonnenblumenöl
½ TL Salz

Für den Belag

1 Pf. Gemüsezwiebeln
5 Zweige Thymian
2 Lorbeerblätter
100 g schwarze Oliven (entsteint)
50 g Kapern (in Salz, aus dem Glas)
Salz, Pfeffer, Olivenöl

Fadennudeln mit Zwiebelsauce und Basilikum

Zutaten

750 g Zwiebeln
0,1 l trockener Weißwein
25 Blätter frisches Basilikum
6 EL Olivenöl
Salz, Pfeffer

Außerdem
250 g kurze Fadennudeln

Zubereitung

Die Zwiebeln schälen und grob zerschneiden. In den Mixer füllen und mit unterbrochenem Modus hacken. Dabei die Zwiebeln so zerkleinern, dass noch kleine Stücke übrig bleiben. Die Zwiebelstückchen in einem Topf in Olivenöl andünsten, dabei salzen und pfeffern. Wenn die Zwiebeln glasig sind, den Weißwein angießen, verrühren, den Deckel auflegen und so lange bei sehr geringer Hitze schmoren, bis die Zwiebeln ganz weich sind. Das dauert ungefähr 45 Minuten, vielleicht müssen Sie gelegentlich noch etwas Wasser zufügen, damit die Zwiebeln nicht ansetzen.

Zum Schluss die grob zerschnittenen Basilikumblätter einrühren, abschmecken und die Sauce unter die al dente gekochten Fadennudeln rühren. Etwas frisches Olivenöl darübergießen und servieren.

Durch das lange Dünsten verlieren die Zwiebeln ihren penetranten Geschmack und gehen mit dem Basilikum aromatisch eine faszinierende Liaison ein. Zusammen mit den sehr dünnen Fadennudeln ergibt das eine sehr außergewöhnliche Pasta.

Register

Topinambur

Weiße Bohnen

Wirsing

Zucchini

Zwiebeln

Helmut Gote

geboren 1957, ist freier Journalist und Autor. Unter dem Markenzeichen »Einfach Gote« präsentiert er dienstags und samstags auf WDR 2 seine besten Rezepte und Beiträge rund ums Kochen, Essen und Genießen. Alle Rezepte, Tipps und Videos gibt es auch immer aktuell auf wdr2.de.
Bei DuMont erschienen zuletzt der Restaurantführer »Der Gote« sowie das Kochbuch »Einfach kochen – Einfach Gote«.

Impressum

Erste Auflage 2013

Agentur: WDR mediagroup GmbH

WDR 2 Redaktion: Volker Hanebeck
WDR mediagroup Projektkoordination: Kirsten Schmitz
Fotos: Friedrich Stark, Dortmund;
Lena Cramer/Marina Teschner (S. 10, 14/15, 16, 54/55, 64/65, 70, 98/99, 104/105, 142/143); fotolia.com (S. 83, 117)
Lektorat: Susanne Philippi
Gestaltung: Birgit Haermeyer
Reproduktion: PPP, Köln
Druck und Bindung: Druckerei Uhl, Radolfzell

Printed in Germany
ISBN 978-3-8321-9727-8

www.dumont-buchverlag.de